Dr. Jörg Conradi

Psychoaktive Pflanzen

Dr. Jörg Conradi

Psychoaktive Pflanzen

Die besten Heilpflanzen für neue Kraft bei körperlicher
und geistiger Erschöpfung, Stress und mangelnder Lebensfreude

LUDWIG

Inhalt

Die ätherischen Öle der Pfefferminze wirken krampflösend und schmerzstillend.

Abgeschlagenheit und chronische Erschöpfung machen geistiges Arbeiten zur Qual.

Ob rheumatische Erkrankungen, Migräne oder PMS: Schmerzen beeinträchtigen die Lebensqualität.

Die Zitronenmelisse verdankt ihren Namen der Tatsache, dass ihre Blätter nach Zitrone duften.

Besser als ihr Ruf: Die Brennnessel gehört zu den heilkräftigsten unserer heimischen Pflanzen.

132 Potenzschwäche und sexuelle Unlust

Störungen im sexuellen Bereich werden aus Scham- oder falschen Schuldgefühlen oft verschwiegen.

133 Für ein erfülltes Sexualleben

148 Pflanzliche Diäthilfen

Natürliche und gesunde Appetitzügler ohne Risiko helfen Körper und Seele.

149 Wenn der große Hunger kommt

Mit Hildegard von Bingen wurde der Lavendel in der Volksmedizin bekannt.

Archaische Ursprünge

Der Gebrauch psychoaktiver Pflanzen hat eine uralte Tradition. Schon unsere Vorfahren aus der Steinzeit hatten Cannabis, Opium, Betel und Tabak in ihrem Repertoire. Und sie hatten dabei vor allem Folgendes im Auge:

● Die Therapie, d. h. den Einsatz psychoaktiver Pflanzen, um beispielsweise Schmerzen zu lindern oder Schlaflosigkeit zu behandeln.

● Die Stärkung von Leib und Seele. Mit Hilfe der psychoaktiven Pflanzen wollte man körperlich und psychisch leistungsfähiger werden. Typisch dafür ist z. B. das Kauen von Kokablättern, um bei der Jagd mehr Ausdauer zu haben.

● Die rituelle Verwendung, beispielsweise bei Hochzeitsfesten, in denen oft aphrodisierende oder potenzsteigernde Kräuter zum Einsatz kamen, oder bei Mutproben, wo meistens pflanzliche Angsthemmer herangezogen wurden.

● Die Erweiterung des Bewusstseins. Mit Hilfe psychoaktiver Pflanzen versuchte man, neue Dimensionen der Vorstellungs- und Ausdruckskraft zu erzielen.

● Den Genuss, also einfach das Ziel, mit Hilfe psychoaktiver Pflanzen etwas Spaß in das harte Alltagsleben zu bringen.

Viele psychoaktive Pflanzen besitzen ihren schlechten Ruf zu Unrecht. Der Gebrauch der Kokapflanze z. B. (Kauen und Teeaufguss) ist absolut unschädlich. Sogar Papst Johannes Paul II. trank während eines Südamerikabesuchs Kokatee, um seine Höhenkrankheit zu überwinden. Das aus Koka gewonnene Kokain ist jedoch überaus gefährlich.

Wiedererwecken der alten Traditionen

Von all diesen Gründen, psychoaktive Pflanzen einzunehmen, ist heute nicht mehr viel übrig. Zwar werden mittlerweile wieder einige Kräuter wie Baldrian und Johanniskraut zu therapeutischen Zwecken eingesetzt, doch im Verhältnis zu pharmazeutischen Heilmitteln führen sie immer noch ein Schattendasein. Als Stärkung oder Genussmittel kommen eigentlich nur noch zwei pflanzliche Zubereitungen zum Einsatz, nämlich Zigaretten und Alkohol. Die übrigen sind entweder verboten (wie etwa Haschisch und Marihuana) oder aber vergessen. Wer kennt schon noch Betelnüsse und Damiana?

Ein bedauerliches Versäumnis. Denn es lohnt sich mehr denn je, wieder einen Blick auf psychoaktive Pflanzen und ihre alten Anwendungstraditionen zu riskieren. Sie taugen nicht nur zur

Therapie, sondern auch zur Bereicherung des Lebens an sich. Sie erfüllen es mit Freude und Lebenskraft, sie verleihen die nötige Robustheit, um im von Hektik und Stress geprägten Alltag besser zurechtzukommen, und in einigen Fällen erweitern sie sogar den geistigen Horizont. Voraussetzung dafür ist allerdings, dass sie richtig angewendet werden. Den Anwendungs- und Dosierungsanleitungen haben wir daher in diesem Buch besondere Beachtung geschenkt.

Die Auswahlkriterien

Bei der Auswahl der Pflanzen haben wir hauptsächlich drei Kriterien zugrunde gelegt:

● Die leichte Verfügbarkeit der Pflanzen. Das bedeutet: Die betreffenden Kräuter oder Kräuterzubereitungen sind völlig problemlos im Handel, d. h. über Apotheken, Drogerien, Naturkostläden, Reformhäuser oder Teegeschäfte, zu beziehen. Sie können sich aber auch an den ethnobotanischen Fachhandel wenden, dessen Adressen auf Seite 164 unter den Bezugsquellen zu finden sind.

● Risikofreiheit. Das bedeutet: Die ausgewählten Heilpflanzen zeigen bei Einhaltung der Anwendungsvorschriften absolut geringe Nebenwirkungen.

● Wirkungsbelege. Das bedeutet: Die Pflanzen wurden auch danach ausgewählt, inwieweit die ihnen zugesprochenen Wirkungen belegbar sind. Diese Belege können volksmedizinischer Art sein, d. h. also, die Pflanze besitzt eine lange Tradition, oder wissenschaftlicher Art, d. h., es existieren profunde Studien über sie. Am besten ist natürlich, wenn es volksmedizinische und wissenschaftliche Daten gibt.

Ausdrücklich nicht stark machen wir uns jedoch für Pflanzen, die hierzulande verboten sind. Sicherlich muss darüber diskutiert werden, ob beispielsweise Marihuana und Haschisch gesetzlich freigegeben werden sollten. Doch diese Diskussion soll nicht an dieser Stelle stattfinden. Denn wir wollen, dass auch der unerfahrene Laie die psychoaktiven Pflanzen zu einem bereichernden Teil seines Lebens macht – und das geht nur, wenn er sich dabei auf legalem Boden weiß.

Dr. Jörg Conradi

Die einzelnen Heilpflanzen werden in diesem Buch unter bestimmten Krankheitsbildern abgehandelt, bei denen sie besonders große Heilchancen besitzen. Sie wirken jedoch auch über diese Beschwerden hinaus.

Die Psyche — ein sensibles Organ

Gegen Husten gibt es Hustensaft, gegen Kopfschmerzen Tabletten. Und wenn wir uns etwas brechen, bekommen wir einen Gips. Doch was tun, wenn die Erkrankung nicht physischer, sondern psychischer Natur ist? Was tun, wenn die Seele krank ist? Oft machen sich seelische Störungen gar nicht oder erst spät bemerkbar; oft werden sie auch durch körperliche Symptome wie Herzrasen oder Magenschmerzen verdeckt. Deshalb ist es besonders wichtig, den Ursachen hinter den Beschwerden auf den Grund zu gehen und an der Wurzel des Übels anzusetzen. In diesem Sinn zählt auch die Seele zu unseren Organen, die regelmäßig durchgecheckt, gegebenenfalls behandelt und auf jeden Fall mit Sorgfalt gepflegt werden wollen.

Psychische und psycho-somatische Erkrankungen

Veränderte Lebensbedingungen

Wir leben in einer Zeit des Fortschritts, in der Krankheiten eigentlich kaum noch eine Rolle spielen sollten. Die hygienischen Verhältnisse haben sich enorm verbessert, ebenso wie die Nahrung und auch die medizinische Versorgung. Hinzu kommt außerdem, dass die Arbeitszeit in den letzten Jahren immer weiter zurückgeschraubt wurde und sich auch die Arbeitsverhältnisse insgesamt geändert haben. Heute muss in unseren Landen niemand mehr zwölf Stunden in dunklen und feuchten Schächten nach Kohle graben.

Dennoch: Von einem Zeitalter des allumfassenden Wohlbefindens und der universalen Gesundheit sind wir weit entfernt. Krankheiten wie Krebs, Herzinfarkt und Asthma bronchiale fordern nach wie vor Millionen von Todesopfern; hinzu kommen neue Infektionen wie AIDS und das Ebolavirus, die mit ihren dramatischen Folgen immer wieder für Aufsehen sorgen und sich einer Therapie hartnäckig widersetzen.

Die Angst nimmt zu

Den größten Zuwachs an Krankheiten gab es in jüngerer Zeit allerdings im Bereich der psychischen und psychosomatischen Erkrankungen.

● Die Weltgesundheitsorganisation (WHO) erwartet, dass Depressionen in 20 Jahren nach den Herz-Kreislauf-Erkrankungen die zweithäufigste Ursache für Arbeitsunfähigkeit sein werden, noch vor Verkehrsunfällen.

● Täglich bekommt der Hausarzt Besuch von mindestens einem Patienten, der an Angstzuständen leidet, wobei dessen Angststörung oft durch körperliche Symptome wie Kopfschmerzen und Muskelverspannungen verdeckt wird.

● Millionen von Übergewichtigen klagen darüber, dass sie einfach nicht Herr ihrer Essgelüste werden, und auch das Heer der Spiel-, Nikotin- und Alkoholsüchtigen bekommt seine Abhängigkeiten nur selten in den Griff.

Patienten mit Depressionen zeigen häufig eine Erhöhung ihres Kortisolspiegels. Zu viel Kortisol hemmt jedoch die Arbeit des Immunsystems, hier sind Erkrankungen vorprogrammiert.

● Etwa 400 000 Kinder und Jugendliche leiden in Deutschland an ADD (Attention Deficit Disorder), einer Aufmerksamkeitsstörung, die oft in Verbindung mit Hyperaktivität auftritt.

● Psychosomatische Erkrankungen, also jene körperlichen Beschwerden, die durch seelischen Stress hervorgerufen oder zumindestens verstärkt werden, nehmen dramatisch zu. Schlaflosigkeit, Spannungskopfschmerzen, Migräne, Rückenschmerzen, Neurodermitis und chronische Müdigkeit – all diese Krankheiten gehören mittlerweile zu den Standardproblemen, weswegen man den Arzt aufsucht oder aber zur Selbstmedikation greift.

Psychische Verletzungen aus der Kindheit begleiten uns ein Leben lang. Sie bilden die Ursache zahlreicher Erkrankungen; vor allem sind sie Ursache von Ängsten und Zwangsneurosen.

● Von der Psychoneuroimmunologie schließlich wissen wir, dass auch Krebserkrankungen sich deshalb so hartnäckig allen therapeutischen Versuchen widersetzen, weil die psychischen Bedingungen nicht stimmen. Der Stress unserer Zeit raubt dem Immunsystem die Kraft, die schwere Krankheit von sich aus besiegen zu können.

Hauptursache 1 – Störfeuer aus der Kindheit

Bleibt die Frage, warum psychische Erkrankungen hierzulande so enorm zugenommen haben. Einer der Gründe liegt sicherlich darin, dass wir es bei der Psyche mit einem außergewöhnlich sensiblen »Organ« zu tun haben. Wenn wir uns als Kind beim Spielen eine Schramme am Knie holen, bildet sich eine Blutkruste, und möglicherweise bleibt auch eine kleine Narbe zurück, doch im Erwachsenenleben werden wir in der Regel nicht mehr viel davon merken. Nicht so jedoch bei der Psyche. Muss sie im Kindesalter durch ein traumatisches Erlebnis hindurch, wie etwa durch die Scheidung der Eltern oder auch »nur« durch eine Nacht, in der man sich als Kind gefürchtet hat, ohne dass jemand zum Trösten kam, dann bleibt mehr zurück als nur eine Narbe. Das Trauma wird irgendwo in einer Ecke des Unbewussten »geparkt«, von wo aus dann permanent Störfeuer an die übrigen Bereiche der Seele gesendet werden. Und je nach Stärke des Störfeuers kann schließlich der gesamte psychische Apparat daran Schaden nehmen.

Hauptursache 2 – der »Nimmersattcharakter« der Psyche

Doch es sind nicht nur Kindheitserlebnisse, die uns geistig zu schaffen machen. Die große Stärke der menschlichen Psyche besteht ja darin, dass sie in besonderem Maß anpassungsfähig ist.

Der Mensch als »körperliches Mangelwesen« ohne Pelz und vier Beine ist letzten Endes nur deshalb in der Weltgeschichte so erfolgreich gewesen, weil er psychisch flexibler und aufnahmefähiger war als andere Lebewesen. Er konnte schneller und treffsicherer auf veränderte Umwelteinflüsse reagieren. Diese geistige Wachheit hat jedoch auch ihre Nachteile. Unsere Psyche wird dadurch zu einer Art »Informationsschwamm«, der begierig alles aufsaugen will, mit dem er in Kontakt kommt. Heute, wo täglich Reiz- und Informationslawinen über uns hinwegrollen, werden wir an unsere Leistungsgrenzen geführt.

Kurzfristig kann Angst sogar zu einer Leistungssteigerung im Immunsystem führen. Längerfristig führt sie jedoch zu einer allmählichen Entkräftung unserer Körperabwehr.

Zu viel des Guten

Es ist also gerade die besondere Stärke unserer Psyche, die gleichzeitig ihre große Schwäche ist. Wir könnten eigentlich ganz gut in unserer Zeit zurechtkommen, wenn wir uns hin und wieder geistig von unserer Umwelt abschotten würden. Doch das entspricht nicht unserem Wesen. Unsere Psyche ist von Natur aus begierig auf Reize und Wahrnehmungen, und deswegen werfen wir uns mitten ins Informationsgetümmel hinein. Täglich zwei Stunden Fernsehen oder Surfen im Internet, hinzu ein Heer von Zeitungen und Zeitschriften, die wir lesen, während wir frühstücken. Beim Autofahren hören wir Radio, und einige schaffen es sogar noch, dabei zu telefonieren. Pausenlos prasseln Reize auf uns ein, mehr, als wir verarbeiten können. Doch es ist einfach ein Wesenszug unserer Psyche, mehr in sich hineinzustopfen, als ihr eigentlich gut tut.

Der moderne Mensch wird von Reizen überflutet. Gelingt es ihm nicht, sich von Zeit zu Zeit gegen seine Umwelt abzuschotten, wird er krank.

Hauptursache 3 – Verzahnung von Leib und Seele

Die Zeiten des Dualismus sind vorbei, als man noch glaubte, dass Körper und Seele zwei unabhängige Einheiten darstellen. Heute weiß man es besser: Körperliche Vorgänge wirken sich auf die Psyche aus und umgekehrt.

Dies bedeutet: Ein überlasteter Körper wird nicht ohne Einfluss auf die Psyche bleiben. Und in unserer Zeit ist vor allem ein Teil des Körpers unter Dauerstress: das Immunsystem. Niemals zuvor musste es sich mit derart unterschiedlichen Fremdstoffen auseinander setzen. Nicht nur, dass in unserer Umgebung zahlreiche Bakterien, Viren und Pilze lauern, auch die zahllosen Bau-, Farb-, Duft- und Geschmacksstoffe sowie Lösungs- und Reinigungsmittel verlangen dem Immunsystem immer wieder Kraftakte ab. Ganz zu schweigen davon, dass auch beruflicher und privater Stress die Abwehrkraft schwächt. Denn dabei schickt das Immunsystem Botenstoffe an das Gehirn, die dort für starke Reaktionen sorgen.

Normalerweise werden die müde machenden Immunbotenstoffe durch die Blut-Hirn-Schranke daran gehindert, in größeren Mengen bis zu den empfindlichen Gehirnzellen vorzudringen. Bei Infekten, Entzündungen und Stress wird diese Schranke jedoch gelöst.

Immunsystem und Psyche

Die wichtigsten unter diesen Botenstoffen sind die Zytokine. Ihre Hauptaufgabe besteht darin, zwischen Blutkörperchen Signale auszutauschen. Sie haben jedoch auch enorme Auswirkungen auf die Funktionen des Gehirns. So stimulieren sie den Schlaf und insgesamt das Bedürfnis nach Ruhe und Schonung. Auch Angst kann durch Zytokine ausgelöst werden, und in Überdosis können sie sogar den Nervenzellen schaden.

Welche Zytokindosis unser Gehirn abbekommt, kann sehr unterschiedlich sein. Unter Stress und bei Infekten nämlich steigert das Immunsystem die Zytokinproduktion. Auch können in diesen Situationen größere Mengen der Zytokine bis zu den Gehirnzellen vordringen. Aus diesem Grund haben Menschen mit Infektionskrankheiten ein gesteigertes Bedürfnis nach Schlaf, und auch wer pausenlos unter Stress steht, darf sich nicht wundern, dass er ständig müde ist.

Fazit: Das Immunsystem spielt eine Schlüsselrolle für unser psychisches Empfinden. Steht es unter Druck, fühlen wir uns oft müde und ängstlich. Deshalb haben wir auch das Immunsystem stärkende Pflanzen wie Katzenkralle, Ginseng und Eleutherokokk in dieses Buch aufgenommen, die ja im strengen Sinn keine psychoaktiven Substanzen enthalten. Durch ihre abwehrstärkenden Substanzen sind sie jedoch wertvolle pflanzliche Helfer.

Hauptursache 4 – die moderne Lebensweise

Die moderne Lebensweise fördert in vielerlei Hinsicht den Ausbruch psychischer und psychosomatischer Erkrankungen.

● Wir bewegen uns weniger als früher. Die Folge: Seelische und körperliche Spannungen können nicht mehr durch Bewegung aufgelöst, »abreagiert« werden.

● In den frühen Zeiten der Menschheitsgeschichte wurden Konflikte durch körperliche Gewalt ausgetragen. Das war zwar schmerzhaft und oft auch ungerecht, doch es hatte den Vorteil, dass die Sache nach dem Austragen des Konflikts erledigt war. Heute werden Auseinandersetzungen verbal oder verdeckt ausgetragen. Die Folge: Die Konflikte werden nicht gelöst, sondern graben sich unbewältigt in unser Seelenleben ein.

● Wir kommen kaum noch zur Ruhe. Die Arbeitszeit wurde zwar in den letzten Jahrzehnten immer weiter reduziert, doch dafür gönnt man sich in der Freizeit weniger Pausen. Dem Arbeitsstress wurde noch der Freizeitstress hinzugesellt, mit der Folge, dass wir psychisch und körperlich weniger auftanken und uns kaum regenerieren können.

● Wir werden täglich mit zahllosen Informationen und Reizen überschüttet. Unsere Psyche droht, unter dieser Lawine zu ersticken.

● Eine weitere Folge der Reizflut unserer Tage: Wir haben keine festen Werte mehr, müssen uns täglich mit neuen Situationen auseinander setzen. Die Jobs sind gefährdet, und auch Ehen werden nicht mehr fürs Leben geschlossen. »Patchworkfamilien« und Alleinerziehende gehören mittlerweile zum Alltag. Und es ist ein alter Lehrsatz der Psychologie: Je häufiger sich ein Mensch an veränderte Situationen anpassen muss, desto gefährdeter ist er, körperlich oder psychisch zu erkranken.

● Die geschlechtlichen Rollenverteilungen sind gekippt. Dadurch sind vor allem Frauen oft der Doppelbelastung von Haushalt und Beruf ausgesetzt. Doch auch die Zahl allein erziehender berufstätiger Väter steigt stetig an.

● Wer heute bestehen will, muss »cool« sein. Wer sich empfindsam und verletzlich zeigt, stolpert beim Aufstieg auf der Karriereleiter. Deshalb legt man sich lieber eine Hornhaut auf der Seele zu – mit der Konsequenz, dass das menschliche Miteinander auf hohle Phrasen reduziert wird und die Menschen ihre Sorgen und Ängste in ihrem Inneren aufstauen, anstatt sie mit anderen zu teilen.

Ehescheidungen zählen zu den Hauptauslösern von Depressionen. Andererseits belasten Depressionen aber auch die Beziehung: 40 Prozent der Partner von depressiven Menschen müssen am Ende selbst in die Therapie.

Psychoaktive Pflanzen – auch ein Genussmittel

Psychoaktive Pflanzen eignen sich nicht nur zur Therapie bestimmter seelischer Störungen. Sie können auch zur Vorbeugung psychosomatischer Erkrankungen eingesetzt werden – und das mit Genuss! Die heilkräftigen Kräuter helfen nicht nur, sie schmecken und duften auch und sorgen damit für eine ideale Entspannung nach einem anstrengenden Tag.

Wer mit dem richtigen Umgang psychoaktiver Pflanzen vertraut ist, kann sie sogar zu noch mehr nutzen: Vorsichtig und wohl dosiert angewendet, können sie uns dabei helfen, das Leben einmal von einem anderen Standpunkt aus zu betrachten und unser Bewusstsein für aufregend Neues zu öffnen.

Lange Traditionen

Pflanzen, die auf unsere Psyche wirken, sind nicht nur für den kranken, sondern auch für den gesunden Menschen äußerst interessant. Die Anwendung psychoaktiver Kräuter hat, wie bereits erwähnt, eine lange Tradition, und sie sollte keineswegs – wie es leider immer noch üblich ist – mit Bewusstseinstrübung, Abhängigkeit, Stumpfsinn, Lallen und anderen negativen Dingen verknüpft werden. Im Gegenteil: Der Rausch im Sinn einer Erweiterung des Bewusstseins hat für den Menschen in der Regel nur positive Effekte.

Der Weg zum »Dionysischen«

Wer vom Einsatz psychoaktiver Pflanzen spricht, muss jedoch auch über den Rausch sprechen. Sozusagen der »Experte« für Rausch, Euphorien und Ekstasen war der deutsche Philosoph Friedrich Nietzsche (1844 – 1900).

Zentraler Punkt seiner Philosophie war der Begriff des »Dionysischen«, benannt nach dem griechischen Gott des Weins und des Rauschs, Dionysos. Für Nietzsche stand fest: Wenn der Mensch nicht immer wieder einen Ausflug ins Reich des Dionysischen wagt, verkommt sein Dasein nicht nur zu einer tristen Mittelmäßigkeit, sondern er wird auch immer schwächer und schließlich krank. Der Grund: Eingezwängt in das alltägliche Leben von Pflichten und gesellschaftlichen Rollen, braucht er ein Ventil, das ihn auch einmal funktionslos sein lässt, ihn also so akzeptiert, wie er tatsächlich ist, ohne all das, was er in der Gesellschaft darstellt.

Ein weiterer wichtiger Punkt: Der dionysische Rausch hat nichts mit Betäubung zu tun. Im Gegenteil: Nietzsche hat immer wieder betont, dass der »Dionysier« in seinen Rauschzuständen in Ausdrucks- und Vorstellungskraft besonders erhabene Zonen erreicht, die sich beispielsweise als Kunst und Musik entfalten. Mit anderen Worten: Im Dionysosrausch wollen wir uns nicht selbst vergessen, sondern unser Bewusstsein auf eine Stufe erheben, von der aus wir uns selbst begegnen und das Leben in neuen und aufregenden Dimensionen erfahren können.

Der Rausch im Sinn des Dionysischen hat nichts damit zu tun, sich zu betrinken oder andere Drogen zu nehmen, um die Welt zu vergessen. Hier geht es vielmehr darum, dem Leben höhere Dimensionen abzugewinnen, es aus einem anderen Blickwinkel verstehen und ausdrücken zu lernen. Diese Art von Rausch hat also nichts mit Realitätsflucht zu tun.

17

Dionysos, der griechische Gott des Weins – hier auf einem Löwen reitend dargestellt –, wurde in der Antike auch als Gott des Rauschs verehrt.

In den Alltag integriert

Im dionysischen Sinn bildete der Rausch in den alten Kulturen einen festen und unverzichtbaren Teil des Lebens. Egal, ob es sich um die alten Griechen, die Bantu in Afrika oder die Kelten und Indianer handelte: Die regelmäßige Einnahme rauscherzeugender Substanzen gehörte und gehört einfach dazu. Ein Leben ohne gelegentliche Ausflüge in das »andere« Bewusstsein war ihnen unvorstellbar, und sie brauchten es, um sich geistige und körperliche Gesundheit zu erhalten. Ebenso selbstverständlich war es für sie, dass man für diese Ausflüge den Dienst psychoaktiver Pflanzen in Anspruch nahm. Und dieser Dienst kann auch dem von Alltagszwängen gebeutelten Menschen der Moderne nutzen – vorausgesetzt, dass er dabei einige wichtige Regeln beachtet.

Heute gibt es nur noch wenige Völker, die ein natürliches Verhältnis zu psychoaktiven Pflanzen haben. Für die Indianer im Amazonasgebiet gehört die Einnahme der Pflanzen nach wie vor zu den Stammesriten.

Der richtige Umgang mit den Pflanzen

Wer wirklich etwas von psychoaktiven Pflanzen haben will, muss natürlich zunächst einmal darauf achten, dass er das richtige Kraut verwendet. So führt uns beispielsweise Iboga auf die Fährte von Erlebnissen, die wir ins Unbewusste verdrängt haben, während uns die Betelnuss eher in sanfte Euphorie versetzt. Jede Pflanze hat ihr eigenes Wirkungsspektrum, und dies gilt es selbstverständlich vor ihrer Anwendung zu berücksichtigen.

18

Drei weitere Dinge sind jedoch mindestens ebenso wichtig. Sie werden von Experten unter der Überschrift »Dosis, Set und Setting« zusammengefasst.

Dosis: Für die Wirkung einer psychoaktiven Pflanze sind nicht nur ihre Inhaltsstoffe, sondern natürlich auch deren Menge verantwortlich. Es gibt Pflanzen, die in geringer Dosierung absolut nützlich sind, in höherer Dosierung aber schädlich oder sogar tödlich sein können.

Set: Hiermit ist die innere Einstellung und Konstitution des Menschen gemeint, seine Erwartung, seine Wünsche und seine Ängste. Wer etwa Angst vor dem Kauen eines Betelbissens hat, weil dieser aus exotischen Ländern stammt, sollte lieber gleich die Finger davon lassen. Und wer meint, mit Goldmohn zum neuen Menschen werden zu können, geht ebenfalls mit der falschen Einstellung heran.

Setting: Das Setting beinhaltet Raum und Zeit, in denen der Verzehr der psychoaktiven Pflanze stattfindet. Wer beispielsweise auf der Autobahnfahrt von Hannover nach München am Lavendelfläschchen schnuppert, will und bekommt eine andere Wirkung auf Körper und Geist als jemand, der sich sein ganzes Schlafzimmer mit Duftsteinen ausstaffiert, aus denen Lavendeldämpfe emporsteigen.

Die richtige Dosis

Bei der Angabe der Dosierung der einzelnen Pflanzen wird viel Wert auf Genauigkeit gelegt. Dennoch: Menschen sind unterschiedlich, und sie reagieren auch unterschiedlich auf psychoaktive Substanzen. Dies sehen wir ja schon am »trivialen« Kaffee: Während die einen schon bei einer Tasse zu zittern anfangen, können andere ihn sogar noch am späten Abend trinken und trotzdem die Nacht gut durchschlafen.

Die persönlich richtige Dosis lässt sich letzten Endes nur durch Probieren finden. Hier gilt allerdings: Fangen Sie stets mit kleinen Mengen an. Wenn Ihnen die Wirkung dann zu schwach vorkommt, können Sie die Dosis immer noch steigern. Wer hingegen mit zu hohen Dosierungen anfängt, dem werden die positiven Wirkungsmöglichkeiten der betreffenden Pflanze für immer versperrt bleiben. Negative Erfahrungen speichert unser Gehirn in Form von Angst ab – und Angst ist ein denkbar schlechter Partner, um aus einer noch so wirksamen Pflanze Nutzen für die Psyche zu ziehen.

Dosis, Set und Setting sind für den Gebrauch psychoaktiver Pflanzen von entscheidender Bedeutung. Dieselbe Pflanze kann je nach Beschaffenheit dieser drei Bedingungen die unterschiedlichsten Wirkungen entfalten.

19

Die richtige Erwartung

Grundsätzlich gilt für psychoaktive Pflanzen mehr noch als für sonstige Medikamente, dass negative oder überzogene Erwartungshaltungen den Erfolg beeinträchtigen. Wer eine Kopfschmerztablette mit der Überzeugung schluckt, dass sie nicht hilft, wird von ihr genau das bekommen, nämlich dass sie nicht hilft. Und wer von Maca Wunderwirkungen für sein Geschlechtsleben erwartet, obwohl sich an den übrigen Lebensumständen nichts ändert, wird ebenso enttäuscht werden.

Ob und mit welcher Stärke bestimmte Stoffe auf uns wirken, hängt zum großen Teil davon ab, inwieweit wir uns seelisch für sie öffnen. Dies gilt in besonderem Maß für psychoaktive Pflanzen, wo wir ja genau dort eine Wirkung erwarten, wo auch unsere Erwartungen sitzen, nämlich im Kopf.

Wer die positiven Effekte einer Pflanze nutzen, von ihr aber auch nicht böse überrascht werden will, sollte sich ihr möglichst unverkrampft und entspannt nähern, beinahe so, als wenn er sich genüsslich im Sessel zurücklehnt, um sich einen schönen Film anzusehen.

Die Erwartung entscheidet mit darüber, ob und wie ein Mittel wirkt. Und manchmal reicht sie sogar alleine aus. So reagieren 40 Prozent aller Depressionspatienten positiv auf ein Plazebo (Scheinmedikament), in dem sich keinerlei Wirkstoffe befinden.

Das Ambiente

Auch die Umgebung spielt eine Rolle dabei, wie eine psychoaktive Pflanze auf uns wirkt. Weihrauchduft im Kirchensaal wird anders erlebt als Weihrauchduft im Büro. Allerdings kann man lange darüber streiten, welche Musik gespielt werden oder welche Farbe die Räucherschale haben sollte. Letztendliche Entscheidung über solche Dinge kann nur der Anwender selbst treffen, denn allein er weiß, was er mit »seiner« psychoaktiven Pflanze erreichen will: ob er entspannen oder anregen, ob er die Konzentration steigern oder sogar Visionen haben will. Wichtig ist jedoch dabei vor allem eines: Für die Anwendung der Pflanze sollte man sich immer genügend Zeit nehmen. Denn ohne Zeit gibt es keinen Genuss.

Selbstanbau

Einige Heilpflanzen eignen sich sehr gut für den eigenen Anbau. Wer über wenig Platz verfügt, kann sich einen Kräutergarten anlegen, in dem man beispielsweise Baldrian, Hopfen, Melisse oder Pfefferminze ziehen kann. Wer das Glück hat, einen größeren Garten zu haben, kann im Herbst auch Bäume oder Sträucher pflanzen.

Wann helfen psychoaktive Pflanzen?

Erkrankung	Chancenreiche Heilpflanzen
Angstzustände	Kava-Kava, Johanniskraut, Kombinationsanwendungen oder -präparate aus Baldrian und Johanniskraut, Lerchensporn, Passionsblume, Katzenminze, kalifornischer Goldmohn; besonders bei Herzrasen auch Melisse
Arthritis (Gelenkentzündung)	Bittersüß, Brennnessel, Hanföl, Borretschöl; insbesondere bei Rückenschmerzen Teufelskralle sowie Weihrauchharz
Bettnässen	Johanniskraut, am besten als Öl; auch Goldmohn und Kombinationspräparate aus Goldmohn und Lerchensporn
Chronische Müdigkeit	Grüner Tee, Matetee, Guarana, Ginseng, Eleutherokokk, Noni, Ginkgo, Pfefferminze, Lavendel, Kreuzblume
Depressive Verstimmungen	Johanniskraut, 5-HTP, Giftlattich, Betelnuss, Katzenminze
Menstruationsbeschwerden	Helmkraut, Mönchspfeffer, Nachtkerze, Traubensilberkerze, Hopfen, Gänsefingerkraut, Ringelblume, Schafgarbe sowie Kombinationen aus Kamille und Schafgarbe, Blutwurz und Gänsefingerkraut, Ringelblume und Schafgarbe
Migräne und Spannungskopfschmerzen	Pestwurz, Mutterkraut, Weidenrinde, Pfefferminzöl
Nervosität	Baldrian, Giftlattich, Hopfen, Melisse, Johanniskraut, Kava-Kava, Lerchensporn, Passionsblume, Damiana
Potenzschwäche	Bischofsmütze, Damiana, Iboga, Muira puama (»Potenzholz«), Yohimbe, Noni, Ginseng
Schlafstörungen	Noni, Baldrian, Giftlattich, Hopfen, Melisse, Johanniskraut, 5-HTP

Psychoaktive Heilpflanzen haben sich besonders bei psychosomatischen Beschwerden bewährt. Das Nebenwirkungsrisiko ist oft gering, die Wirkung dafür aber umso größer.

5-HTP ist – genau genommen – natürlich keine Pflanze, sondern ein Wirkstoff. Dieser Wirkstoff kann jedoch aus der Pflanze Griffonia simplicifolia gewonnen werden.

Stress und Erschöpfung

Der moderne Mensch kommt innerhalb kürzester Zeit überall hin. Ob er nun mit dem Flugzeug Tausende von Kilometern zurücklegt oder via Internet an fast jede gewünschte Information zu jedem beliebigen Thema herankommt – die Welt steht ihm offen. Diese Mobilität und Überfülle an Informationen können aber auch eine Reizüberflutung zur Folge haben. Wir fühlen uns überfordert, müde und abgespannt. Bei Stress und Erschöpfung kann mittlerweile gar nicht mehr genau unterschieden werden, ob sie psychische oder physische Erscheinungen sind; so sehr wirkt sich die geistige Abgeschlagenheit auf den Körper aus. Antriebsarmut und Frustration sind die Folge. Eleutherokokk, Galgant & Co. schaffen hier Abhilfe.

Wenn der Motor nicht mehr richtig läuft

Eleutherokokk (Eleutherococcus senticosus)

Eleutherokokk erfreut sich in Russland, Japan und den USA großer Beliebtheit. In Deutschland führt die Pflanze bislang ein Außenseiterdasein. Dabei existieren mittlerweile weltweit Hunderte von wissenschaftlichen Arbeiten, die den therapeutischen Wert dieser Heilpflanze belegen.

Botanische Merkmale

Die Heilpflanze Eleutherococcus senticosus ist ein bis zu sieben Meter hoch werdender Strauch aus der Pflanzenfamilie der Doldenblütler. Seine Zweige sind ausgesprochen dicht mit schräg nach unten stehenden Stacheln besetzt; sie gaben ihm den Namen »senticosus«, dornenreich. Eleutherokokk wächst vorwiegend in Südostsibirien.

Die Wirkungen

Eleutheroside – gegen Stress und Immunschwäche

Eleutherokokk zählt zu den wirksamsten Immunstimulanzien überhaupt. Im Wesentlichen verantwortlich für diesen Effekt sind seine Eleutheroside. Unter dem Einfluss dieser Stoffe kommt es zu einem deutlichen Anstieg immunkompetenter Zellen wie etwa der Lymphozyten, T-Zellen und Fresszellen. Auch der Aktivitätsgrad dieser Immuneinheiten wird gesteigert. Russische Arbeiter erhielten früher während der nasskalten Herbst- und Wintermonate regelmäßig Eleutherokokkzubereitungen, um ihre Infektanfälligkeit zu senken.

Die abwehrstimulierende Wirkung von Eleutherokokk wurde aber auch durch zahlreiche klinische Studien untermauert. So verabreichte man beispielsweise Testpersonen ein Eleutherokokkpräparat und einer Vergleichsgruppe ein Plazebo (Scheinmedikament). Nach vier Wochen zeigte sich bei der Eleutherokokkgruppe eine Zunahme der Lymphozytenzahl um etwa 45 Prozent, während sie bei der Plazebogruppe um zehn Pro-

Der Name »Eleutherokokk« ist eine Abkürzung des lateinischen Namens »Eleutherococcus senticosus«. Volkstümlich wird der dornenreiche Strauch auch als Taigawurzel, Teufelsbaum oder Stachelpanax bezeichnet.

zent sank. Die Zahl der aktivierten T-Zellen nahm bei den Eleutherokokkanwendern um 85 Prozent zu, während sie bei der Plazebogruppe wiederum um zehn Prozent abnahm – deutliche Hinweise darauf, dass unter Eleutherokokkeinfluss nicht nur die Anzahl der Immunzellen, sondern auch deren Aggressivität gegenüber unerwünschten Eindringlingen gesteigert wird. In einer anderen Studie erhielten 800 Kinder mit geschwächtem Immunsystem unmittelbar vor der Herbst- und Winterzeit zwei Monate lang ein Eleutherokokkpräparat, eine Vergleichsgruppe bekam ein Plazebo. Das Ergebnis: Die Krankheitsrate war in der Eleutherokokkgruppe um etwa zehn Prozent, in Bezug auf Lungenentzündungen sogar um 60 Prozent geringer als in der Plazebogruppe. Ein Ergebnis, das wahrscheinlich nicht nur auf die abwehrstimulierende Kraft von Eleutherokokk zurückzuführen ist. Denn in Laboruntersuchungen zeigte sich, dass Eleutherokokkzubereitungen auch direkt hemmend auf das Wachstum von Influenzaviren wirken.

Der Körper gibt Alarm

Eleutherokokk zählt außerdem zu den so genannten adaptogenen Heilpflanzen, die unsere Widerstandsfähigkeit gegenüber Stresssituationen steigern und uns vor Überforderung und Erschöpfung schützen.

● Eleutherokokk verlängert die Widerstandsphase unseres Körpers. Die Pflanze sorgt dafür, dass die Schwelle, an der unser Körper auf den anstrengenden Alarmzustand umschalten muss, nach hinten versetzt wird.

● Eleutherokokk dämpft Alarmreaktionen. Wenn der Organismus doch einmal auf Alarmzustand umgeschaltet hat, so wird dieser Zustand in seiner Intensität abgeschwächt und zeitlich verkürzt. Die Folge: Unser Körper wird weniger dem »Beschuss« erschöpfender Stresshormone ausgesetzt.

Untersuchungen ergaben, dass unter dem Einfluss von Eleutherokokk Stressfaktoren wie Hitze, Kälte, Lärm, geistig-körperliche Dauerbelastung sowie Chemo- und Strahlentherapie besser vertragen werden. Eleutherokokk ist nicht nur eine wirksame Arznei für kranke Menschen, sondern auch ein Hilfsmittel für Gesunde, die ihre Leistungsfähigkeit steigern wollen, z.B. für Sportler. In Langzeittests an 1500 Leistungssportlern zeigte sich unter Eleutherokokk eine deutliche Steigerung von Reflexen, Ausdauer und Konzentrationsfähigkeit.

Erste Hinweise auf die arzneiliche Verwendung von Eleutherokokk finden sich in der chinesischen Volksmedizin von vor über 2000 Jahren. Im Jahr 1962 wurde er in die medizinische Praxis der Sowjetunion eingeführt, ursprünglich mit dem Ziel, eine Alternative zum altbekannten, aber teuren Ginseng zu besitzen. Mittlerweile deutet jedoch vieles darauf hin, dass Eleutherokokk weit mehr als nur eine Ginsengalternative ist.

Hier hilft Eleutherokokk

- Verlangsamte Reaktionen
- Innere Unausgeglichenheit
- Konzentrationsschwäche
- Körperliche und geistige Erschöpfung
- Nervosität
- Abwehrschwäche
- Wetterfühligkeit
- Virusinfektionen

Mögliche Nebenwirkungen

Bei bestimmungsgemäßem Gebrauch bestehen keine Risiken. Allerdings wird allgemein geraten, Kindern unter sechs Jahren sowie Schwangeren kein Eleutherokokk zu verabreichen, weil hierzu noch zu wenige Untersuchungen vorliegen.

Anwendung und Dosierung

Die Anwendung der offenen Eleutherokokkwurzeln erfolgt als Dekokt. 10 Gramm der getrockneten Wurzeln mit 350 Milliliter Wasser aufkochen und anschließend ohne Deckel auf 300 Milliliter bei geringer Hitze einkochen lassen. Davon sollten 3 Portionen jeweils zwischen den Mahlzeiten getrunken werden.

Einkauf

Offene Taigawurzeln erhält man im ethnobotanischen Fachhandel (Adressen Seite 164 unter Bezugsquellen). Ansonsten erhält man Eleutherokokk auch in Form von Extrakten aus der Apotheke wie etwa Eleu-Kokk, Eleu-Kokk M, Eleutherococcus Curarina, Konstitutin forte und Eleutheroforce.

Wer an einer Allergie leidet, muss nicht befürchten, dass sein Immunsystem durch Eleutherokokk weiter überstimuliert wird. Im Gegenteil. Bei Allergikern scheint Eleutherokokk sogar dämpfend auf die überschießenden Aktivitäten des Immunsystems zu wirken.

Galgant (Alpinia officinarum)

In Asien wird Galgant schon lange als Mittel zur Stärkung der Verdauung eingesetzt, in Malaysia wurde Galgant auch Pfeilgiften und in Indonesien aphrodisierenden Kräutermischungen zugefügt – deutliche Hinweise auf die psychoaktiven Wirkungen des aromatischen Ingwergewächses.

Arabische Ärzte machten die Pflanze im frühen Mittelalter in Europa bekannt, Hildegard von Bingen nahm sie in ihr Heilpflanzensortiment auf. Auch heute wird Galgant noch zu thera-

Die appetitanregende Eigenschaft des Galgants kann wohl auch aus seiner Geschmacksphysiologie abgeleitet werden. Er schmeckt sehr intensiv und macht dadurch unser Geschmackszentrum im Gehirn in gewisser Weise neugierig, so dass die Aufmerksamkeit des Essenden ganz auf das Mahl gelenkt wird.

peutischen Zwecken genutzt, vor allem als Mittel zur Förderung der Verdauung. Mit seinem aromatischen Geschmack eignet sich Galgant jedoch auch als Gewürz. Vor allem Gemüse und Rindfleisch verleiht er eine angenehm scharfe Note.

Botanische Merkmale

Der über einen Meter hoch werdende Galgantstrauch zählt zu den Ingwergewächsen, seine Heimat sind die tropischen Gebiete Afrikas und Südostasiens. Zu therapeutischen und kulinarischen Zwecken werden in erster Linie die Wurzeln des Strauchs herangezogen, die nach etwa zehn Jahren »geerntet« und getrocknet werden.

Die Wirkungen

Aufmunternde ätherische Öle

Die ätherischen Öle wirken im Bauchbereich krampflösend, verdauungsfördernd und zusammen mit den scharfen Harzen appetitanregend. Galgant wird deshalb in China gerne als Kräftigungsmittel bei Abmagerung und Schwächezuständen verschrieben.

Scharfe Harze

Die Harze des Galgants wirken als Wachmacher; sie eignen sich also für die Anwendung bei körperlichen und geistigen Erschöpfungszuständen.

Da Galgant zu den Ingwergewächsen zählt, ist auch sein Geschmack dem des Ingwers ähnlich. Er passt hervorragend zur asiatischen Küche.

Hier hilft Galgant

- Abmagerung und damit einhergehende Erschöpfungszustände

- Darmkrämpfe

- Magenkrämpfe und Sodbrennen

- Körperliche und geistige Erschöpfung

- Müdigkeit infolge von Stress

- Appetitlosigkeit und »müde« Gallenblase

Mögliche Nebenwirkungen

Bei bestimmungsgemäßem Gebrauch sind keine Nebenwirkungen zu erwarten.

Anwendung und Dosierung

Pharmazeutische Teezubereitung

1 Gramm der fein zerschnittenen oder grob gepulverten Wurzeln mit 1 Tasse kochendem Wasser übergießen, 10 Minuten zugedeckt ziehen lassen, danach abseihen. Zu empfehlen ist die Einnahme von 2 bis 3 Tassen pro Tag, jeweils 30 Minuten vor den Mahlzeiten.

Spinatcremesuppe indisch

Zutaten (für 4 Personen): 1 Packung (450 g) Tiefkühlspinat • 1 Zwiebel • 1 Knoblauchzehe • 2 EL Ghee (Butterreinfett) • 1 gestrichener TL gemahlene Galgantwurzel • 500 ml Gemüsebrühe • 100 ml Milch 100 ml Crème fraîche • 2 EL Zitronensaft • Salz • Pfeffer

Zubereitung: Den Spinat nach Rezept auf der Gefrierpackung auftauen und kurz aufkochen. Währenddessen die Zwiebel und den Knoblauch abziehen und in kleine Stücke schneiden.

Das Ghee im Topf erhitzen, den Galgant, die Zwiebelstücke und den Knoblauch darin kurz anrösten.

Die Gemüsebrühe und den Spinat dazugießen und erhitzen, aber nicht mehr kochen. Schließlich Milch, Crème fraîche sowie Zitronensaft dazugeben, und die Spinatcremesuppe vor dem Servieren mit Salz und Pfeffer abschmecken.

Tipps: Als Beilage schmeckt türkisches Fladenbrot. Die Spinatcremesuppe wird körniger und sättigender, wenn Sie 1 Tasse gekochten Reis dazugeben.

Galgant kann zusammen mit anderen fungiziden (d. h. pilzabtötenden) Pflanzen wie etwa Salbei verwendet werden, um Candidamykosen zu behandeln. Laboruntersuchungen ergaben, dass er das Wachstum des Pilzes Candida albicans hemmt.

Kalter Eistee für heiße Tage

Zutaten (für 1 Kanne): 6 TL schwarzer Ceylontee • 1 TL Ingwerpulver 1 TL Galgantpulver • 2 Gewürznelken • 1/2 Zimtstange • 1 l Wasser 3 EL Zitronensaft • Eiswürfel • Kandiszucker

Zubereitung: Den Tee und die Gewürze mit kochendem Wasser übergießen, 5 Minuten ziehen lassen, abseihen und abkühlen lassen. Den Zitronensaft hinzugeben, Eiswürfel auf Gläser verteilen und den Tee darüber gießen. Gesüßt wird nach Belieben mit Kandiszucker.

Dosierung: Täglich 2 Gläser oder nach Bedarf, beispielsweise für eine warme Sommernacht.

Einkauf

Sie erhalten Galgant in chinesischen Lebensmittelgeschäften sowie im ethnobotanischen Fachhandel (Adressen Seite 164 unter Bezugsquellen). Kaufen Sie am besten ganze Galgantwurzelstücke, um dann kurz vor Gebrauch kleine Scheiben davon abzuschneiden und sie im Mörser zu pulverisieren. Fertig abgepacktes Galgantpulver, ebenfalls im Handel erhältlich, besitzt nur noch wenig Aroma, weil sich seine ätherischen Öle zum großen Teil verflüchtigt haben.

Galgant wird außerdem gerne in anregenden und verdauungsfördernden Mitteln verarbeitet. Die bekanntesten Präparate sind Doppelstern Tonikum, Dr. Maurers Magen Apotheke, Elixier Nr. 66, Klosterfrau Melissengeist, Lax Lorenz Dragees. Das einzige Monopräparat ist Alpinum (Tabletten) mit 125 Milligramm Galgantpulver.

In Indien wird Galgant zur Behandlung von Schluckauf, Aufstoßen und Nervenschwäche herangezogen. In China wird er zusammen mit der Glockenwinde (Codonopsis pilosula) und Fu ling (Poria cocos) gegen Schluckauf eingesetzt.

Ginseng (Panax ginseng)

In ihrer Form ähnelt die Ginsengwurzel dem Menschen, und deshalb wird sie schon seit alters als Universalheilmittel gegen Erkrankungen gepriesen. Seit über 2000 Jahren wird sie nachweislich in Ostasien als Heilmittel angewendet, vor allem zur Therapie von Erschöpfung und Schwächezuständen. Nach Europa gelangte Ginseng über arabische Kaufleute, die das kostbare Gut nach Spanien brachten.

Der Einsatz von Ginseng erfolgte zunächst nach den Regeln der traditionellen chinesischen Medizin. Seit jedoch die Inhaltsstoffe der Wurzel bekannt sind und standardisierbares Ausgangsmaterial durch den großflächigen Anbau in Korea für wissenschaftliche Untersuchungen verfügbar ist, hat sich auch die westliche Medizin mehr und mehr mit der Pflanze befasst.

Botanische Merkmale

Ginseng wird bis zu 80 Zentimeter hoch, sein Stamm zeigt keine Zweige, und er wächst hauptsächlich im Nordosten Chinas. Naturschützer beklagen allerdings, dass Ginseng als wild wachsende Pflanze vom Aussterben bedroht ist, da die Bestände in den letzten Jahren zu stark abgeerntet wurden. In unseren Breiten kommen fast nur Produkte aus Zuchtpflanzen auf den Markt, bei deren Kauf keine ökologischen Bedenken aufkommen müssen. Ihr Wirkstoffgehalt ist nicht geringer als der ihrer wild wachsenden Pendants.

Die Wirkungen

Stimulierend für Immunsystem und Gehirn

Die so genannten Ginsenoside bilden die Hauptwirkstoffgruppe des Ginsengs, und sie ähneln in ihrer Struktur menschlichen Stresshormonen. Sie wirken dadurch auf die adaptiven Eigenschaften des Menschen. Ginseng verbessert unsere Fähigkeit, sich auf körperlich und psychisch belastende Situationen besser einzustellen – er versetzt uns wie kaum eine andere Pflanze in die Lage, mit Stress fertig zu werden.

Wissenschaftliche Studien belegen, dass Ginseng die Fähigkeit des Körpers unterstützt, sich an Hunger, extreme Temperaturen oder geistigen und emotionalen Stress zu gewöhnen. Zudem wirkt er beruhigend, wenn der Körper Schlaf fordert. Eine Untersuchung am Sportinstitut der Universität Freiburg ergab, dass Ginseng die maximale Ausdauerfähigkeit von Leistungssportlern verbessert. Nach vierwöchiger Einnahme von Ginsengkapseln konnten die Athleten bei vorgegebener Geschwindigkeit länger auf dem Laufband laufen. In einer anderen Untersuchung erholten sich Frauen, die nach einem gynäkologischen Eingriff drei Wochen lang Ginsengextrakt einnahmen, deutlich besser als jene, die nach dem Eingriff ein Plazebo (Scheinmedikament) erhielten.

Ebenfalls wissenschaftlich untermauert ist, dass Ginseng unsere Gedächtnisleistungen verbessert und über die Hirnanhangsdrüse die Gehirnaktivität erhöht. Verschiedene Forschungsgruppen

Die Kommission E des ehemaligen Bundesgesundheitsamts empfiehlt Ginseng und seine Zubereitungen zur »Stärkung und Kräftigung bei Müdigkeits- und Schwächegefühl, bei nachlassender Leistungs- und Konzentrationsfähigkeit und in der Rekonvaleszenz«.

29

haben außerdem seine das Immunsystem stimulierende Funktion bestätigt. In Korea wird Ginseng schon seit langem zur Behandlung von Alkoholvergiftungen eingesetzt. Der Grund: Ginseng fördert den Alkoholstoffwechsel, auf der anderen Seite scheint er aber auch den eingenommenen Alkohol bereits an seinem Übertritt in den Blutkreislauf zu hindern. Vor diesem Hintergrund macht es also durchaus Sinn, den Ginseng bereits »präventiv« vor dem Alkoholgenuss einzunehmen.

Hier hilft Ginseng

- Geschwächtes Immunsystem
- Gedächtnisschwäche
- Alkoholbedingte Kopfschmerzen (Einnahme sollte präventiv erfolgen)

- Konzentrationsschwäche
- Körperliche und geistige Erschöpfung
- Häufige Müdigkeit, hauptsächlich infolge starker Stressbelastungen

---

Einige Ärzte der traditionellen chinesischen Medizin empfehlen, zerkleinerte Ginsengwurzeln auch einfach zu zerkauen. Die Wirkstoffe der Pflanze werden dabei durch unseren Speichel recht gut gelöst, der Geschmack ist allerdings eher streng.

Mögliche Nebenwirkungen

Bei bestimmungsgemäßem Gebrauch sind keine Nebenwirkungen zu erwarten. Überhöhte Dosierungen können allerdings nach längerfristigem Gebrauch zu Schlafstörungen, Bluthochdruck und bei Frauen zur Steigerung der Libido führen.

Anwendung und Dosierung

Teeaufguss

Etwa 1 Teelöffel der fein geschnittenen Wurzeln mit kochendem Wasser übergießen, 10 Minuten zugedeckt ziehen lassen, abseihen. Davon sollten täglich 2 bis 3 Tassen getrunken werden.

Präparate

Ginsengtee ist in seiner Wirkung recht hoch einzustufen. Bequemer und präziser ist jedoch die Einnahme von Ginsengpräparaten. Die empfohlene Dosierung liegt bei 250 bis 500 Milligramm Ginsengwurzelextrakt pro Tag. Es sind allerdings nur wenige standardisierte Produkte mit garantiertem Wirkstoffgehalt auf dem Markt. In jedem Fall ist aber den Monopräparaten unbedingt der Vorzug zu geben, da in Kombinationspräparaten der Ginsenganteil zu gering ist.

Als adaptogene Heilpflanze, die insgesamt den Organismus widerstandsfähiger gegenüber Belastungen macht, sollte Ginseng über einen längeren Zeitraum von mindestens drei Monaten eingenommen werden.

Einkauf

Ginsengwurzeln erhält man in Apotheken und im ethnobotanischen Fachhandel (Adressen Seite 164 unter Bezugsquellen). Ginsengpräparate bekommt man in Drogerien und Apotheken. Die bekanntesten Monopräparate sind Alsi-Ginsengkapseln, Alsi-Ginseng-pur (Pulver), Ardey-aktiv, Gerivit, Ginroy, Ginsana G115 (standardisiertes Präparat), Ginsana Tonic (standardisiertes Präparat), Hevert Aktivon mono, Kneipp Ginseng Dragees, Kneipp Ginseng Tonic, Korea Ginseng extra stark, Kumsan Ginseng Much, Orgaplasma, Solaguttae-Ginseng-Kapseln N, Tai Ginseng forte.

Grüner Tee (Camellia sinensis)

Der grüne Tee zählt nicht zu den Heilpflanzen, die hauptsächlich bei psychischen Beschwerden eingesetzt werden. Dennoch sind seine psychoaktiven Wirkungen vielfach dokumentiert, auch in den Legenden zu seiner Herkunft. So soll er beispielsweise laut einer frühbuddhistischen Überlieferung entstanden sein, als sich ein Mönch – zornig darüber, beim Meditieren immer wieder einzuschlafen – die Augenlider ausriss und diese auf den Boden warf. Dort, wo sie niederfielen, sollen dann Teesträucher gewachsen sein.

Botanische Merkmale

Sowohl grüner als auch schwarzer Tee stammen von demselben Teestrauch ab, nämlich Camellia sinensis. Sie unterscheiden sich lediglich in ihrem Herstellungsverfahren voneinander. Der grüne Tee wird im Unterschied zum schwarzen Tee an der Fermentation gehindert und damit auch nicht chemisch manipuliert, so dass die ursprünglichen Stoffe der Teeblätter weitgehend erhalten bleiben. Mit anderen Worten: Die grüne, von vielen Teekennern bevorzugte Variante ist sozusagen authentischer, sie steht den eigentlichen Naturkräften der Teepflanze näher als der schwarze Tee.

Das Nebenwirkungsrisiko von Ginseng ist ausgesprochen gering. Die aufgeführten Risiken stammen allesamt aus Ländern, in denen Ginseng als Nahrungsergänzungsmittel auf dem Markt ist, für das weder Dosierungsanleitungen noch arzneimittelrechtliche Überprüfungen verbindlich sind.

31

Die Wirkungen

Ätherische Öle für die Aromatherapie

Die flüchtigen Öle des Grüntees regen einerseits unsere Psyche an und arbeiten dadurch ähnlich wie Koffein. Auf der anderen Seite wirken sie als sanftes Narkotikum, d. h., sie koppeln unser Bewegungszentrum zum Teil von unseren Stimmungen und Gedanken ab.

Auf diese Weise schlagen sich unsere psychischen Erregungen nur noch in geringem Maß auf unsere Muskelarbeit nieder, wir können uns nun vorbehaltlos einer anregenden Gedankenwelt anvertrauen, ohne dass sie gleich in starke – und möglicherweise schädliche – Muskelspannungen umgesetzt würde, wie das ja leider im Normalfall ist.

Die Folge: Unser Geist bleibt angeregt und bei voller Konzentration, gleichzeitig bleiben wir jedoch tief entspannt, da unsere geistige Erregung nicht unmittelbar in überflüssige Muskelarbeit umgesetzt wird.

Aus kulinarischer und psychologischer Sicht empfiehlt sich also, die flüchtigen Grünteeöle möglichst lange am Verdampfen zu hindern. Dies bedeutet konkret, dass Sie Ihren grünen Tee möglichst mit geschlossenem Deckel oder Tuch ziehen lassen sollten. Außerdem sollte er nach dem Kauf möglichst bald verzehrt und nicht lange gelagert werden. Vor allem bei der Lagerung im Kühlschrank sollte darauf geachtet werden, dass der grüne Tee in einer luftdichten Verpackung aufbewahrt wird. Andernfalls könnte das Aroma des Tees nachhaltig beeinträchtigt werden.

Vom grünen Tee kann man mehrere Aufgüsse zubereiten. Die Blätter von edlen Grünteesorten können sogar bis zu viermal aufgegossen werden.

Zum Genuss des grünen Tees gehört es auch, sich Zeit zu nehmen und für das richtige – harmonische – Ambiente zu sorgen.

Sanftes Koffein

Koffein wirkt anregend auf Herz und zentrales Nervensystem, indem es die Ausschüttung des körpereigenen Stresshormons Adrenalin verstärkt. In der Folge kommt es zur Steigerung von Aufmerksamkeit und Lernfähigkeit; in Bewegungstests zeigten sich außerdem eine Verminderung von Fehlreaktionen und eine Verkürzung der Reaktionszeiten. Koffein stimuliert zudem die Ausschüttung der Magensäure und die Wasserausscheidung über den Harn. Auch die Atemwege erweitern sich durch Koffein. Nicht zuletzt deshalb werden Tee und Kaffee vor allem zu und nach den Mahlzeiten getrunken. Sie regen die Verdauung an und öffnen die durch das »verdauungsträge« Nervensystem eng gestellten Atemwege wieder.

Die Koffeinanteile des grünen Tees können je nach Sorte sehr unterschiedlich sein. So enthalten z.B. 100 Milliliter Gun Powder 36 Milligramm, 100 Milliliter Bancha dagegen nur 13 Milligramm Koffein. Der grüne Tee aus den Hängen des japanischen Fujibergs ist mit seinen 46 Milligramm Koffein Spitzenreiter, er erreicht damit ähnliche Werte wie der schwarze Darjeelingtee. Nichtsdestoweniger enthalten sämtliche Teesorten deutlich weniger Koffein als Kaffee.

Anregen, ohne aufzuregen

Das aufputschende Alkaloid beim Tee ist an Aminosäuren und Polyphenole gekoppelt. Das hat enorme Konsequenzen. Die Polyphenole halten das Koffein so fest in ihren »chemischen Klauen«, dass es vom Körper nicht aufgenommen werden kann und damit komplett wirkungslos bleibt. Und das an Aminosäuren gekoppelte Koffein wirkt anders als das ungebundene Koffein im Kaffee. Es setzt nämlich nicht direkt an den Nebennieren an, wo dann verstärkt das Stresshormon Adrenalin ausgeschüttet wird, sondern an Teilen des autonomen Nervensystems, die für eine allmähliche Steigerung der Adrenalinausschüttung sorgen.

Die Folge dieses biochemischen Prozesses ist, dass keine »Stresssituation« wie beim Kaffee entsteht, sondern eine kontinuierliche Anregung. Die Wirkung hält außerdem länger an, da der Körper aufgrund des sanften Adrenalinanstiegs nicht zu übergroßen und raschen Gegenmaßnahmen veranlasst wird. Die stimulierende Wirkung des Koffeins in Tee ist demnach ausgesprochen mild und länger anhaltend. Der Tee wirkt belebend, aber nicht aufputschend.

Die Wirkung des Grünteekoffeins wird umso sanfter, je länger der Tee zieht. Als Mindestziehdauer gelten drei Minuten. Der zweite Aufguss ist deutlich koffeinärmer als der erste, er kann auch vor dem Schlafengehen getrunken werden.

Abwehrstärkende Polyphenole

Die Polyphenole, vor allem die so genannten Katechine, bilden die Hauptwirkstoffe des grünen Tees. Ihre Krebs und Arteriosklerose hemmenden Effekte sind sowohl historisch als auch wissenschaftlich vielfach belegt.

Darüber hinaus bringen uns die Polyphenole als Immunsystemstärker besser über körperlich und geistig anstrengende Zeiten. In einer Studie der Medizinischen Universität der chinesischen Provinz Hangzhou verabreichte man an Krebs erkrankten Patientinnen und Patienten täglich einen Liter grünen Tee, und zwar zusätzlich zu deren Strahlen- und Chemotherapie, die ja das Immunsystem extrem belasten. In der Folge zeigte sich, dass sich der Immunzustand dieser Patienten deutlich verbesserte. Vor allem ihre Werte an den Immunglobulinen IgM und IgA, zwei zentralen Eiweißstoffen der Körperabwehr, gingen steil nach oben.

Die große Stärke des grünen Tees liegt darin, dass seine Wirkstoffe gut wasserlöslich sind. Es ist also überflüssig, teure Extrakte zu kaufen – der normale Teeaufguss reicht völlig aus.

Nur bei geschwächtem Immunsystem

Eine weitere interessante Feststellung der Wissenschaftler von Hangzhou: Grüner Tee schraubt die IgM- und IgA-Werte nur dann nach oben, wenn sie vorher stark nach unten gedrückt sind. Bei Patienten mit normalen Werten zeigt er hingegen keine Wirkung. Dies bedeutet, dass grüner Tee uns vor allem dann hilft, wenn unser Immunsystem »angekratzt« ist, beispielsweise durch einen Infekt oder aber durch Umweltgifte wie etwa Autosmog oder Zigarettenrauch.

Wer jedoch gesund ist, was das Immunsystem anbelangt, muss nicht befürchten, dass seine Körperabwehr möglicherweise überaktiviert wird. Im Gegenteil: Andere Studien zeigen sogar, dass das überschießende, hyperaktive Immunsystem allergiegeplagter Patientinnen und Patienten durch grünen Tee gewissermaßen besänftigt werden konnte.

Hier hilft grüner Tee

- Abwehrschwäche und geistige Ermüdung

- Ermüdung infolge von arteriosklerotischen Veränderungen an den Blutgefäßen

- Konzentrations- und Lernschwäche

- Migräne (diese Indikation ist aus der chinesischen Volksmedizin bekannt)

Mögliche Nebenwirkungen

Entgegen vieler Behauptungen ist grüner Tee kein Eisenräuber. Auch sein Koffein wird durch Aminosäuren und Gerbstoffe in seiner anregenden Wirkung deutlich abgemildert. Grüner Tee muss daher zu den wirklich risikoarmen Heilpflanzen gezählt werden.

Anwendung und Dosierung

Zubereitung ohne Kanne

Das Wasser wird in einem Kessel kurz aufgekocht und etwa 5 bis 10 Minuten zum Abkühlen stehen gelassen. 1 gestrichenen Teelöffel grüne Teeblätter in eine Tasse (150 Milliliter) geben und mit dem Wasser übergießen. Nach 2 bis 3 Minuten kann einfach »vom Blatt weg« getrunken werden, d. h., die Blätter verbleiben in der Tasse, und es wird auch nicht umgerührt. Der Aufguss kann mit dem abgekühlten Wasser noch 2-mal wiederholt werden.

Sie können grünen Tee auch mit kochendem Wasser überbrühen. Er schmeckt dann zwar weniger lieblich, doch dafür kommen die abwehrstärkenden Polyphenole besser zur Entfaltung.

Die klassische Zubereitung

Das Teewasser im Kessel kurz aufkochen und 5 bis 10 Minuten zum Abkühlen stehen lassen. Die Grünteeblätter kommen in der Zwischenzeit in die Kanne: Pro Tasse verwendet man 1 gestrichenen Teelöffel, ab 5 Tassen 1 gestrichenen Teelöffel pro Tasse und zusätzlich 1 gestrichenen Teelöffel für die Kanne. Schließlich wird das heiße Wasser hinzugegossen.

Den Tee je nach Bedürfnissen ziehen lassen. Bei 2 bis 3 Minuten wirkt er stark anregend, sein Aroma bleibt hingegen eher mild. Bei 3 bis 8 Minuten dominiert das Aroma, die anregende Wirkung fällt eher mäßig aus und wird auf eine längere Zeit gestreckt.

Dosierung

Die empfohlene Mindestdosis für grünen Tee liegt bei etwa 1/2 Liter pro Tag. In Japan und China trinkt man bis zu 1 Liter pro Tag.

Einkauf

Sie erhalten grünen Tee mittlerweile überall in Deutschland, von Teegeschäften über Reformhäuser und Naturkostläden bis zu Lebensmitteldiscountern. Ein hoher Preis ist kein Garant für hochwertige Ware! Wichtiger ist: Bevorzugen Sie Ware aus ökologisch kontrolliertem Anbau. Verwenden Sie außerdem offenen Tee und nicht die Aufgussbeutel, da in ihnen das Wirkstoffprofil des Tees bisweilen stark reduziert ist.

Katzenkralle (Uncaria tomentosa)

Die Indianer Perus verwenden die Katzenkralle schon seit Jahrhunderten bei den unterschiedlichsten Beschwerden. In jüngster Zeit nimmt ihr Bekanntheitsgrad auch in den USA immer mehr zu. In Deutschland ist die Pflanze noch weitgehend unbekannt – doch möglicherweise wird sie im Zug der erwachsenden Naturheilkunde auch hierzulande schon bald eine große Bedeutung haben.

Botanische Merkmale

Die Katzenkralle ist eine mächtige Liane aus den Regen- und Nebelwäldern im nördlichen Südamerika und im kontinentalen Mittelamerika. An ihren Blattachseln sitzen krallenartige und außerordentlich scharfe Dornen, die der Pflanze ihren Namen verschaffen. Ihre mobilisierenden und das Immunsystem stärkenden Wirkstoffe liegen jedoch in ihren Wurzeln. Hauptlieferant der Katzenkrallenwurzel und ihrer Präparate ist Peru.

Die Wirkungen

Powerpflanze für das Immunsystem

Katzenkrallenpräparate verbessern die Fähigkeit der weißen Blutkörperchen, eingedrungene Fremdkörper unschädlich zu machen. Die Anzahl der T- und B-Zellen, die bei der Immunabwehr ebenfalls eine zentrale Rolle spielen, wird durch die pentazyklischen Alkaloide um bis zu 230 Prozent gesteigert. Auf der anderen Seite wird die Vermehrung gefährlicher lymphoblastischer und leukämischer Zellen um 93 Prozent gesenkt; der Katzenkralle muss daher eine große Chance bei der Behandlung von Blutkrebs zugesprochen werden.

Die Katzenkralle scheint regelrecht aufputschende Wirkungen auf das Immunsystem zu besitzen, die dadurch den Verlauf zahlreicher Krankheiten positiv beeinflussen können. So berichtet das amerikanische Oregon College für orientalische Medizin,

Die Katzenkralle wird in ihrem Heimatland Peru als regelrechtes Wundermittel gefeiert, das gegen alles hilft, von AIDS über Krebs- bis zu rheumatischen Erkrankungen. Grundsätzlich sollte man in Anbetracht von Wundermitteln natürlich immer skeptisch sein – die Skepsis sollte jedoch nicht so weit gehen, die tatsächlichen und belegbaren Wirkungen der Katzenkralle zu ignorieren.

das sich auf östliche Heilkräuter spezialisiert hat, von Behandlungserfolgen bei Morbus Crohn sowie bei Magengeschwüren, Arthritis und chronischer Erschöpfung. Im anerkannten Magazin Healthy & Natural Journal wird davon berichtet, dass die Katzenkralle einige Hauttumore binnen weniger Wochen zum Verschwinden brachte und Krebspatienten, die mit Chemotherapie behandelt wurden, zu einer rascheren Erholung verhalf. Bei einem texanischen AIDS-Patienten erhöhte sich mit der Einnahme eines Katzenkrallenextrakts die Zahl seiner T-Zellen um über 50 Prozent.

Darüber hinaus scheint die Katzenkralle aber auch geistigen Verfallserscheinungen vorzubeugen. Auf einem Kongress der Federation of Amercian Scientists Experimental Biology wurde eine Studie an Labortieren vorgestellt, in der mit Hilfe von Uncariaextrakt die Bildung von so genannten Amyloid-Beta-Plaques im Gehirn gehemmt wurde. Diese Ablagerungen gelten als typische Erscheinungen der Alzheimerkrankheit.

Ein Dämpfer für den Blutfettspiegel

Die Katzenkralle enthält den Wirksoff Sitosterol. Dieser senkt den Cholesterinspiegel im Blut.

Wirkungsvolles Mittel gegen Viren

Für die Quinovinsäureglykoside der Katzenkralle konnten im Labor virushemmende Wirkungen nachgewiesen werden.

Die herausragende Eigenschaft der Katzenkralle besteht in ihrem Aufputscheffekt auf das Immunsystem. Hier scheint sie auch bekannten Abwehrstärkern wie etwa dem Sonnenhut (Echinacea) überlegen zu sein.

Hier hilft Katzenkralle

- Abwehrschwäche
- Arthritis
- Erhöhte Cholesterinwerte
- Chronische Erschöpfung
- Hirnleistungsstörungen
- Vergesslichkeit
- Virusinfektionen
- Krebserkrankungen

Mögliche Nebenwirkungen

Überprüfte und standardisierte Präparate bergen kein Nebenwirkungsrisiko. Präparate und Wurzelmaterial aus Peru enthalten jedoch mitunter keine pentazyklischen, sondern tetrazyklische Oxindolalkaloide. Dies liegt nicht etwa an Pfuschereien bei der Herstellung, sondern einfach daran, dass die Pflanze selbst unberechenbar ist und immer wieder zur tetrazyklischen Fraktion wechselt. Diese Fraktion besitzt keine positiven Einflüsse auf unser Immunsystem, ist dafür in hohen Dosierungen aber schädlich für das Nervensystem und die Herztätigkeit.

Anwendung und Dosierung

Die traditionelle Anwendung der Katzenkrallenwurzeln erfolgt als Dekokt. 5 Gramm der Wurzeln werden 30 Minuten lang in 1 Liter Wasser gekocht, danach wird abgeseiht. Bei Bedarf kann mit Honig gesüßt werden. Man trinkt den Tee über den Tag verteilt. Die Anwendung über standardisierte Präparate ist allerdings erheblich sicherer.

Einkauf

An unverarbeitete Katzenkrallenwurzeln kommt man hierzulande kaum heran. Nur wenige – auf Regenwaldpflanzen spezialisierte – Händler führen sie manchmal in ihrem Sortiment (Adressen Seite 164 unter Bezugsquellen).

In Österreich wird aus der Katzenkralle ein standardisierter Extrakt mit den wirksamen pentazyklischen Alkaloiden hergestellt. Man erhält ihn in Form von Kapseln oder Tropfen unter dem Namen »Krallendorn«. Die Dosierung des Extrakts entnimmt man am besten der Packungsbeilage.

Noni (Morinda citrifolia)

Der Nonibaum wächst mit seinen heilsamen Früchten auf Hawaii und den polynesischen Inseln um Tahiti. Deren Einwohner sind dafür bekannt, schon seit Jahrhunderten mit weitaus weniger Medikamenten auszukommen als die Menschen der hoch technisierten Welt Europas oder Nordmerikas.

In Polynesien und auf Hawaii nämlich vertraut man auf eine uralte Volksmedizin, die über Jahrhunderte von Generation zu Generation weitergegeben wurde. Währenddessen wurde das Bewährte konserviert und das weniger Bewährte verworfen, bis sich schließlich in der Konsequenz eine Heilmittellehre auf höchstem Niveau entwickelte. In ihrem Zentrum stehen die eigentümlichen Heilpflanzen der pazifischen Inseln. Und eine dieser Pflanzen, vielleicht sogar die Heilpflanze überhaupt, ist der Nonibaum.

Ursprüngliche Heimat von Morinda citrifolia ist Südostasien, wo die Pflanze wahrscheinlich schon vor über 2000 Jahren zu Heilzwecken eingesetzt wurde. Sie gelangte von dort nach Australien, Malaysia und Polynesien, wobei bis heute offen ist, ob ihr dies durch Meerwanderungen ihrer robusten Samen gelang oder aber dadurch, dass sie von Siedlern mitgenommen wurde.

Botanische Merkmale

Noni gehört zu der Pflanzenfamilie der Rubiaceae, zu denen auch der bei uns heimische Färberkrapp gehört. Auch Kaffee, Brechwurzel, Chinarinde und Yohimbe sind Rubiaceengewächse. In einigen Ländern wird Noni auch gerne Indischer Maulbeerbaum genannt, eine Bezeichnung, die botanisch nicht korrekt ist, aber deutlich macht, dass er optisch den Maulbeergewächsen nicht unähnlich ist.

Noni wird als Baum oder Strauch bis zu acht Meter hoch. Seine gegenständigen, immergrünen Blätter sind elliptisch bis eiförmig, seine weißen Blüten entspringen aus fleischigen, kugelförmigen Trauben. Das Besondere am Nonibaum oder -strauch sind seine Früchte. Sie sind groß, fleischig und übersät mit Dellen, die gerne als Noniaugen bezeichnet werden. Viele Menschen, die Nonifrüchte das erste Mal sehen, denken zunächst einmal an kleine Kartoffeln.

Die aus Asien stammende Pflanze Morinda citrifolia erhielt den Namen »Noni« erst vor wenigen Jahrhunderten auf Hawaii.

Die Wirkungen

Scopoletin, der Blutdrucksenker

Die Nonifrucht enthält große Mengen an Scopoletin. Von diesem Stoff ist schon länger bekannt, dass er die Muskeln in den Blutgefäßen entspannt und dadurch für eine Weitstellung der Blutwege sorgt. Und dieser Effekt hat in der Regel enorme Auswirkungen auf den Blutdruck.

Man braucht sich dazu nur vorzustellen, was passiert, wenn man auf einen mit Wasser gefüllten Gartenschlauch tritt. Vor der verengten Stelle schwillt der Schlauch aufgrund des erhöhten Wasserdrucks bedrohlich an. Zieht man dann jedoch den Fuß weg – und genau das passiert, wenn Scopoletin auf die Blutgefäße wirkt –, lässt der Druck nach, und das Wasser kann wieder ungestört weiterfließen.

Effektiver Krebshemmer

Noni enthält Damnacanthal. Dieser Stoff wurde von japanischen Wissenschaftlern ausführlich unter die Lupe genommen. Es zeigte sich, dass Damnacanthal die Entwicklung so genannter Raszellen stoppt, die als Vorläufer vieler Krebsarten gelten. Darüber hinaus bremst er den Vermehrungsdrang des Epstein-Barr-Virus, das häufig im Zusammenhang mit chronischer Erschöpfung auftritt.

*Die Früchte des Noni-
baums sind zwar op-
tisch sehr interessant,
kulinarischen An-
sprüchen werden
sie allerdings nicht
gerecht.*

Schmerzstillendes Öl

Eugenol ist ein farbloses, intensiv nach Nelken riechendes Öl. Es zählt zu den Hauptbestandteilen der Gewürznelke. Auch in der Nonifrucht kommt Eugenol in relativ großen Mengen vor; es wirkt örtlich schmerzstillend und desinfizierend. Das Öl ist aufgrund dieses Wirkungsspektrums sicherlich einer der wichtigsten Gründe dafür, dass Noni in der Volksmedizin Polynesiens und Hawaiis schon lange als Heilmittel bei Brandwunden eingesetzt wird.

*Auf den polynesi-
schen Inseln gelten
Nonifrüchte und ihre
Zubereitungen als
Universalheilmittel.
Ihre therapeutische
Palette reicht von
Arthritis, Darm-
und Mundinfektio-
nen über Fieber, Ver-
brennungen und
Fischvergiftungen bis
zu Abwehrschwäche,
Diabetes mellitus
und chronischer
Erschöpfung.*

Regenerierende Terpene

Terpene bilden den Hauptbestandteil aller in der Natur vorkommenden ätherischen Öle. Ihre medizinischen Wirkungen können je nach Zusammensetzung recht unterschiedlich sein. Eine amerikanische Wissenschaftlerin fand jedoch 1992 heraus, dass speziell Noniterpene die Regeneration unserer Körperzellen verbessern.

Die Hauptwirkstoffe – Proxeronin und Proxeroninase

Diese beiden Stoffe werden in unserem Körper zu dem Alkaloid Xeronin umgebildet, das bereits in kleinsten Dosierungen zur Wirkung kommt. Die primäre Aufgabe des Alkaloids Xeronin besteht darin, die Festigkeit und Form bestimmter Proteine zu regulieren. Dies hört sich zunächst einmal nicht gerade bedeutend an. Doch vor dem Hintergrund, dass Proteinstrukturen überaus wichtig für fast alle physiologischen Vorgänge in unserem Organismus sind, bekommt dieser Effekt ein ganz anderes Gewicht.

Auch eine Diäthilfe

● Xeronin verbessert die Durchlässigkeit der Zellmembranen. Dies bedeutet, dass wichtige Nährstoffe sowie Wirkstoffe aus vielen Arzneimitteln unter Anwesenheit des Alkaloids besser von unserem Körper verwertet werden.

● Xeronin verbessert die Funktionstüchtigkeit unserer Muskeln. Dies steigert nicht nur die Belastungsfähigkeit gegenüber körperlicher Arbeit. Im Laborexperiment konnte gezeigt werden, dass Xeronin auch die glatte Darmmuskulatur und somit unsere Verdauung anregt.

Die Folge: Kalorienreiche Nahrung passiert den Darm schneller, und dadurch bleibt ihr weniger Zeit, in den Körper überzutreten – möglicherweise ein Grund dafür, dass die regelmäßige Anwendung von Noni oft auch zu einer Reduktion des Körpergewichts führt.

Das »Adaptationsalkaloid«

● Xeronin steigert das geistige Leistungsvermögen. Nonianwender berichteten bei einer Umfrage fast einstimmig von zunehmender Lern- und Konzentrationskraft.

● Xeronin wirkt schmerzhemmend. Wahrscheinlich besetzt es in unserem Körper ähnliche Rezeptoren wie Endorphine – und von dieser Hormongruppe ist bekannt, dass sie die Stimmung aufhellt und Schmerzen dämpft.

● Xeronin verbessert die Regenerations- und Selbstheilungskräfte unseres Körpers. Unter psychischem und körperlichem Stress ist der Xeroninbedarf deutlich erhöht. Wird dieser Bedarf nicht gedeckt, dauern Reparatur- und Erholungsvorgänge im Körper deutlich länger.

Man kann in Bezug auf Xeronin auch von einem Adaptationsalkaloid sprechen. Dies bedeutet: Xeronin verbessert unsere Adaptationsleistungen, also unsere Fähigkeit, optimal auf Belastungen wie psychosozialen Stress, Krankheiten, Medikamente, Strahlenbelastungen, Vergiftungen, Unfälle und Operationen zu reagieren. Und dieser Effekt ist gerade in unserer von Psychostress, giftigen Genussmitteln und Umweltproblemen geprägten Zeit von enormer Bedeutung.

Von den Entdeckern des Xeronins wird immer wieder betont, dass der Nachweis dieses Alkaloids sehr schwierig ist, da es bei seinem Arbeiten im Organismus sofort wieder zerfällt. Dieser Umstand wird von Kritikern wiederum herangezogen, um an den Wirkmechanismen von Noni zu zweifeln.

41

Hier hilft Noni

- Antriebsmangel

- Bluthochdruck

- Übergewicht; Noni wirkt appetithemmend

- Schmerzen durch rheumatische Erkrankungen

- Abgeschlagenheit

- Konzentrationsschwäche

Mögliche Nebenwirkungen

Wahrscheinlich verhält es sich bei Noni wie bei vielen anderen Heilpflanzen auch – dass nämlich nicht ein einzelnes Wirkprinzip, sondern die Pflanze als Ganzes therapeutisch wirksam ist.

Bei Einhalten der Dosierung sind keine Nebenwirkungen zu befürchten. Noni verstärkt die Wirkung einiger Medikamente.

Anwendung und Dosierung

Klassisch – der Saft

Eine amerikanische Firma hat mittlerweile ein Verfahren entwickelt, Nonisaft auch ohne den Zusatz von Konservierungsstoffen haltbar zu machen und ohne dass dabei ein Großteil seiner Wirkstoffe verloren geht. Allerdings werden dem Saft andere Säfte zugemischt (in der Regel Grapefruit- und Wildbeerensaft), um seinem Geschmack die bittere Schärfe zu nehmen.

Nonisaft hält sich im Kühlschrank etwa 18 Monate. Seine größte Wirkung erzielt er, wenn man morgens etwa 30 Milliliter (1 Esslöffel) auf nüchternen Magen einnimmt. Dadurch wird gewährleistet, dass die wichtigen Inhaltsstoffe der Frucht weitgehend intakt durch den Magen in den Darm gelangen, wo sie dann vom Körper aufgenommen werden.

Die Alternative – Extrakt

Extrakte haben gegenüber dem Saft eine Reihe von Vorteilen. Zum einen ist der Anteil an aktiven Enzymen in ihnen höher, da die modernen Extraktionsverfahren schonender sind als jene Verfahren, die zum Haltbarmachen des kompletten Safts aufgewendet werden müssen. Zum anderen braucht der konzentrierte Extrakt weniger Lagerplatz, er kann leichter auf Reisen mitgenommen werden. In Form von Kapseln ist Extrakt außerdem geschmacksneutral, in Form von Pulver kann er mit einem Getränk nach Wahl gemischt werden (mit Ausnahme von Kaffee, Schwarztee, alkoholischen Getränken und Milchprodukten, die den Effekt von Noni einschränken!).

Kleines Mittel, große Wirkung

Hochwertiges Extraktpulver der Nonipflanze findet man als »Noni Premium« in den Apotheken. Es ist nicht nur besonders hoch konzentriert, die Körner dieses Extrakts sind zudem extrem klein, so dass sie bei geringstem Volumen eine äußerst große Oberfläche für die Noniwirkstoffe bieten, in den Organismus überzutreten.

Um dieses Prinzip zu verstehen, muss man sich nur vorstellen, was passiert, wenn man einen Würfel in immer kleinere Teile zerhackt. Teilt man ihn in zwei Hälften, so gewinnt man als zusätzliche Oberflächen die beiden Schnittstellen hinzu. Teilt man die beiden noch einmal, kommen noch einmal vier Schnittflächen hinzu, und so immer weiter. Eine größere Oberfläche bedeutet in der Chemie jedoch, dass mehr Stoffe aus dem Würfel nach außen wandern können. Und genau aus diesem Grund zeichnen sich denn auch die extrem kleinen Körner von »Noni Premium« dadurch aus, dass sie besonders viele Wirkstoffe der Pflanze in den Körper einschleusen.

Der Extrakt der Nonifrucht wird – analog zum Saft – morgens vor dem Frühstück eingenommen. Die Dosierung liegt bei etwa 1 gestrichenen Teelöffel pro Tag. Er lässt sich gut mit Fruchtsäften verrühren, seine scharf-bittere Note passt gut zu Multivitamin- und Johannisbeersaft.

Einkauf

Noni gilt als Nahrungsergänzungsmittel, es kann daher frei verkauft werden. Es gibt Noni mittlerweile als Saft sowie als Extrakt in Pulver oder Kapselform. Hauptbezugsquelle ist das Internet, wobei die Qualität der dort angebotenen Ware nicht immer nachvollziehbar ist – unterschiedliche Bezeichnungen wie Hawaiian Noni oder Tahitian Noni verwirren eher, als dass sie für Vielfalt sorgen. Außerdem betreten immer wieder neue Anbieter den Nonimarkt, einige von ihnen mit dem Anspruch, dass nur ihre – mit fast 100 DM pro Liter sündhaft teuren – Säfte die hochsensiblen Xeroninvorläufer enthielten. Hält man sich hier jedoch vor Augen, dass der Xeroninmechanismus unter Wissenschaftlern äußerst umstritten ist, so sollte der Wert dieser Aussagen nicht zu hoch eingeschätzt werden.

Als Alternative bleibt der Einkauf in Apotheken. Sie führen seit Ende 1999 hochwertige Extrakte in ihrem Sortiment, die im Preis außerdem noch günstiger sind als die Säfte.

Ebenso wie Ginseng und Eleutherokokk (siehe Seite 28ff. und Seite 23ff.) zählt auch die Nonipflanze zu den so genannten adatogenen Heilpflanzen. Sie verhindern, dass Körper und Psyche sich zu schnell erschöpfen.

Nervosität und Schlafstörungen

Der Schlaf ist eine der wichtigsten Energiequellen unseres Körpers. Im Schlaf finden wir Ruhe, verarbeiten die Erlebnisse des Tages und reinigen somit gewissermaßen unser Unterbewusstsein. Wenn uns diese Insel der Erholung nicht regelmäßig und in ausreichendem Maß zur Verfügung steht, hat das unmittelbar Konsequenzen für unser seelisches und körperliches Gleichgewicht. Die Formen von Schlafstörungen und deren Ursachen sind vielfältig. Generell unterscheidet man zwischen Einschlaf-, Durchschlaf- und Ausschlafstörungen, die durch innere Unruhe, Angst- und Versagensgefühle, aber auch durch Herzbeschwerden oder andere Erkrankungen hervorgerufen werden können. Baldrian, Melisse, Johanniskraut sowie Noni und 5-HTP haben sich als hilfreich erwiesen.

Damit Sie wieder ruhig schlafen können

Baldrian (Valeriana officinalis)

Baldrianpflanzen üben schon seit alters eine ausgesprochen starke Anziehungskraft auf Katzen aus (daher der Zweitname der Pflanzen »Katzenwurzeln«). Allerdings wirken die Inhaltsstoffe der frischen Pflanzen auf die Tiere nicht beruhigend, sondern regelrecht euphorisierend.

Die eigentümliche Vorliebe der Katzen für diese Pflanzen hat frühere Kräutergelehrte dazu veranlasst, Baldrianwurzeln in erster Linie zur Behandlung von Sehstörungen einzusetzen. Da Katzen gute Augen haben und Baldrian lieben, gingen die Gelehrten davon aus, dass Baldrian auch gut für menschliche Augen sein muss. Heutige Naturärzte bevorzugen die Heilpflanze als Mittel zur Hemmung von Ängsten und zur Förderung des Schlafs.

Botanische Merkmale

Der Baldrianstrauch wird bis zu eineinhalb Meter hoch. Er blüht zwischen Mai und September in weit verzweigten doldenähnlichen Blütenständen. Seine Blüten sind weiß bis rosa. Der Baldrianstrauch wächst auch bei uns, vorwiegend in feuchten Wiesen und an Wassergräben.

Die Wirkungen

Ausgleichende Valepotriate

Die baldriantypischen Bitterstoffe, die so genannten Valepotriate, wirken ausgleichend auf unsere Gehirnleistungen. Dies bedeutet konkret: Bei Konzentrationsschwäche wirken sie anregend, bei starker Erregung und nervöser Unruhe wirken sie hingegen beruhigend.

Wichtig ist die Wirkung der Valepotriate im Zusammenhang mit den ätherischen Ölen des Baldrians auf den Neurotransmitter GABA (Gamma-Aminobuttersäure). Hierbei handelt es um einen Botenstoff im Gehirn, der bei der Informationsübermitt-

Baldrian eilt oft der Ruf eines bloßen Schlafmittels voraus. Ein Vorurteil. Tatsache ist nämlich, dass Baldrian die Hirnleistungen harmonisiert. Er hilft als Einschlafmittel ebenso wie als Muntermacher, der vor allem geistige Arbeiter frisch und konzentriert werden lässt. Vor längeren Prüfungen eingenommen, verhilft er zu einer ausgewogenen Entspannungs- und Konzentrationslage.

Neuere Studien belegen, dass Baldrian keinesfalls als spontanes Schlafmittel wirkt. Seine den Schlaf unterstützenden Effekte treten erst nach längerem Gebrauch von etwa zwei bis vier Wochen ein. In dieser Verzögerung liegt jedoch ein großer Vorteil; denn gerade die Akuteffekte von herkömmlichen Schlafmitteln sind es, die zur Abhängigkeit führen können.

lung zwischen den einzelnen Gehirnzellen eine hemmende Wirkung ausübt. Dies bedeutet: Ein Mangel an GABA führt zu Stress, Nervosität und Angst. Bestätigt wird dieser Mechanismus durch Studien, die bei Patienten, die unter Angstzuständen leiden, eine verringerte GABA-Aktivität feststellten.

Durch Baldrian wird nun der Abbau von GABA gehemmt, unserem durch Stress ohnehin schon genug strapazierten Gehirn geht dadurch nicht auch noch der Stoff aus, der unsere Erregungen und Ängste unter Kontrolle hält – ein Effekt, der gerade in der Behandlung von psychischen Störungen und Krankheiten von Bedeutung ist.

In der Psychiatrie feiert man denn auch bereits mit Kombinationsextrakten aus Baldrian und Johanniskraut beachtliche Erfolge bei der Behandlung von Ängsten, depressiven Verstimmungen und Depressionen.

Hirnaktive Valeronsäuren und ätherische Öle

Die Valeronsäuren und ätherischen Öle verändern zusammen mit den Valepotriaten das Tätigkeitsniveau in unserem Gehirn. Die schnellen so genannten Beta-Wellen werden zugunsten der langsameren Delta- und Theta-Wellen zurückgedrängt. Dadurch verbessert sich die allgemeine Schlafqualität, Einschlafstörungen verschwinden in der Regel. Die ätherischen Öle wirken krampflösend bei nervös bedingten Magen- und Darmbeschwerden und garantieren außerdem die psychobalancierenden Wirkungen der fettlöslichen Valepotriate.

Der echte Baldrian oder Arzneibaldrian hilft aufgrund seiner basischen Inhaltsstoffe auch bei nervös bedingter Übersäuerung.

Hier helfen Baldrianwurzeln

- Angststörungen
- Herzklopfen
- Nervöser Darm
- Nervöser Magen

- Nervosität
- Prüfungsstress
- Schlafstörungen
- Spannungskopfschmerzen

Mögliche Nebenwirkungen

Nebenwirkungen des Baldrians sind nicht bekannt.

Anwendung und Dosierung

Pulver

Die getrockneten Baldrianwurzeln im Mörser zerkleinern und jeweils 5 Gramm davon zum Frühstück und zum Abendessen in fetthaltige Speisen geben (z. B. in Quark, Fleischsuppen, Frischkäse oder Brotaufstriche). Dadurch werden die Valepotriate optimal verwertet, wodurch vor allem die angstlösenden und konzentrationsfördernden Wirkungen des Baldrians gut zum Tragen kommen.

Tee

1 Esslöffel Baldrianwurzeln mit 1 Tasse kochendem Wasser übergießen und 10 Minuten zugedeckt ziehen lassen. Danach abseihen und noch heiß trinken. Die Dosis sollte etwa 2 bis 3 Tassen pro Tag betragen. Baldriantee hilft bei Nervosität und bei Stress in der Zeit vor wichtigen Prüfungen.

Bei Angststörungen und depressiven Verstimmungen empfiehlt sich eine Kombination mit Johanniskraut. Dabei werden die Kräuter zu gleichen Teilen gemischt, die Zubereitung erfolgt genauso wie beim reinen Baldriantee.

Bad

Zur Bereitung eines Baldrianbads werden 2 Hand voll Baldrianwurzeln in einem Leinensäckchen ins Badewasser gegeben. Gebadet werden sollte nicht länger als 10 Minuten. Danach empfiehlt es sich, möglichst bald ins Bett zu gehen, da bei Baldrianbädern vor allem die einschlaffördernden Wirkungen der ätherischen Öle dominieren.

Im Unterschied zu anderen Beruhigungsmitteln wie etwa Hopfen wirkt Baldrian alles andere als lusthemmend. In früheren Zeiten wurde die Pflanze sogar als Aphrodisiakum eingesetzt.

47

Einkauf

Getrocknete Baldrianwurzeln erhält man in der Apotheke. Baldrianpräparate bekommt man ebenfalls in Apotheken und in Drogerien. Mit über 200 Eintragungen in der pharmazeutischen Stoffliste gehört Baldrian zu den meist verwendeten Heilpflanzen überhaupt.

Nicht nur im Giftlattich, auch bei seinem Verwandten, dem Kopfsalat, findet man opiumähnliche Stoffe. Wenn der Kopfsalat ausschießt und Stängel bildet, kann man einen weißen Saft herauspressen, der ebenfalls leicht beruhigend wirkt.

Giftlattich (Lactuca virosa)

Der Giftlattich ist ein altes und sicheres Mittel gegen nervöse Unruhe und Schlafstörungen. Bei entsprechend hoher Dosierung kann er allerdings auch opiumähnliche Wirkungen erzielen, weswegen er denn auch aus der hiesigen Medizin verschwunden ist. Tatsache ist jedoch, dass Giftlattich zu den risikoarmen Heilpflanzen zählt. Selbst als man ihn in den USA einige Jahre lang unter Bezeichnungen wie »Lettuce opium« oder »L'Opium« intensiv konsumierte, wurde nicht ein einziger Fall von Abhängigkeit oder Vergiftung bekannt.

Botanische Merkmale

Der Giftlattich wird zwar etwa einen Meter hoch, aber er ist dennoch ein enger Verwandter unseres Kopfsalats. Sein ursprüngliches Verbreitungsgebiet ist Südeuropa, heute findet man ihn auch in unseren Breiten.

Die Wirkungen

Beruhigende Sesquiterpenlactone

Diese Stoffe wirken beruhigend, schmerzlindernd und hustendämpfend. Ihre Wirkungen wurden früher sogar mit denen der Tollkirsche verglichen. Dies ist jedoch unhaltbar, besonders im Hinblick auf das Risiko von Nebenwirkungen. Vieles scheint außerdem darauf hinzuweisen, dass der Giftlattich ähnliche Wirkungen zeigt wie Kava-Kava: Er wirkt im Gehirn über eine Erregungsdämpfung des limbischen Systems, das in unserer Psyche eine zentrale Rolle dabei spielt, unsere Aufmerksamkeit und unsere emotionale Erregung zu steuern.

Die Anwendung von Giftlattich als Hustenmittel hat eine lange Tradition; wahrscheinlich wirkt er über eine Dämpfung in den entsprechenden Steuerzentren unseres Gehirns. Er wird dadurch zu einer wirkungsvollen Heilpflanze bei Reizhusten und nervösem Hüsteln und Räuspern. Bei Husten mit Schleimauswurf ist er ungeeignet.

Giftlattich wirkt nicht bei jedem. Es gibt Menschen, die von seinem Gebrauch absolut unbeeindruckt bleiben. Die Ursachen für dieses Phänomen sind noch ungeklärt.

Hier hilft Giftlattich

- Depressive Verstimmungen
- Hyperaktivität
- Nervöser Husten (Hüsteln, Räuspern)
- Nervöse Unruhe
- Schlafstörungen
- Schmerzen unterschiedlicher Herkunft

Der eingedickte Milchsaft des Giftlattichs wird als Lactucarium bezeichnet, analog zum lateinischen Namen der Pflanze, »Lactuca virosa«.

Mögliche Nebenwirkungen

Schon im alten Griechenland wurde berichtet, dass Giftlattich das sexuelle Verlangen dämpft. In Kräuterbüchern späterer Zeit wird dies bestätigt. Wissenschaftliche Belege wurden hierfür bislang allerdings nicht gefunden.

Bei Überdosierung von Giftlattichsaft kann es zu Schweißausbrüchen, Herzjagen und Kopfschmerzen kommen. Die Gefahr einer Abhängigkeit besteht nicht.

Anwendung und Dosierung

Die Heilstoffe des Lattichs finden sich vor allem im Saft der frischen Pflanze. Man gewinnt ihn am besten durch einen elektrischen Entsafter oder aber dadurch, dass man den oberen Teil der Pflanze immer wieder stutzt und den austretenden Saft in einem Gefäß auffängt. Den Saft lässt man eintrocknen, anschließend kann man ihn in Weingeist auflösen und trinken. Man kann ihn auch unter Tabak mischen und rauchen. Letztere Möglichkeit ist sicherlich nur etwas für den gewöhnten Raucher. Die empfohlene Einzeldosis des Safts liegt bei 200 bis 300 Milligramm, nicht öfter als 3-mal pro Tag.

Etwas schwächer in seiner Wirkung, dafür aber auch absolut risikoarm ist die Zubereitung eines Tees aus den getrockneten Blättern. Dazu wird 1 gehäufter Teelöffel Giftlattichblätter mit heißem Wasser übergossen und mindestens 10 Minuten ziehen gelassen. Danach wird abgeseiht. Es sollten täglich 3 Tassen Tee getrunken werden.

Trotz seines hohen Wuchses und seiner gelben Blüten ist der Giftlattich botanisch mit dem bei uns heimischen Kopfsalat verwandt.

Einkauf

Man kann den Giftlattich zur Saftgewinnung selbst ziehen. Samen dafür gibt es im ethnobotanischen Fachhandel (Adressen Seite 164 unter Bezugsquellen). Einige Apotheken führen außerdem die getrockneten Blätter der Pflanze. Aus ihnen kann man Teeaufgüsse zubereiten.

Der Hopfen wurde schon immer sehr geschätzt, früher allerdings mehr als Delikatesse denn als Heilmittel. Die Römer aßen ihn ähnlich wie Spargel; einer ihrer Dichter warf ihm sogar vor, dass man ihn eigentlich nicht aus Hunger, sondern aus purer Lust genösse.

Hopfen (Humulus lupulus)

In der deutschen Volksmedizin galt der Hopfen als wichtige Heilpflanze gegen schlechte Laune und Nervosität. Dadurch erhielt er auch symbolische Bedeutungen. Setzte sich etwa ein Mädchen einen Kranz aus Hopfen auf, zeigte es damit seiner Umgebung, bester Dinge und nicht von Liebeskummer geplagt zu sein. Überhaupt schien der Hopfen geradezu als ideales Mittel gegen überschüssige sexuelle Energien zu gelten. So wurde er früher jungen Männern zur Dämpfung ihrer Begierden sowie gegen vorzeitige und unwillkürliche Samenergüsse verabreicht. Aus heutiger wissenschaftlicher Sicht können diese Wirkungen des Hopfens nur bestätigt werden. Die Schlingpflanze findet mittlerweile als Angsthemmer und sanftes Schlafmittel immer mehr Verbreitung in Medizin und Pharmazie. Einige Phytotherapeuten verwenden sie zur Behandlung von sexuellen Zwangsvorstellungen.

Botanische Merkmale

Als Schlinggewächs wird der Hopfen bis zu sechs Meter lang. Typisch für ihn sind die rechts gedrehten (ganz selten auch links gedrehten) Windungen seines Stamms. Die Blüten zeigen sich von Juli bis August in zapfenartigen Ständen mit eiförmigen, grünlich gelben Hopfendolden. Von ihnen entströmt der eigentümliche aromatische Hopfengeruch. Der Hopfen wird auch bei uns in großem Stil angebaut.

Die Wirkungen

Beruhigende Bitterstoffe

Die Bitterstoffe bilden die Hauptwirkstoffe des Hopfens. Die wichtigsten sind das Lupulon und das Humulon. Sie verwandeln sich nach dem Pflücken der Hopfenzapfen in den Alkohol Methylbutenol, der im Laborversuch eine überaus starke Wirksamkeit als Beruhigungsmittel zeigte. In einem groß angelegten Versuch an 225 Testpersonen wurde die beruhigende und schlaffördernde Eigenschaft des Hopfens auch am Menschen nachgewiesen. In anderen Studien zeigte sich außerdem, dass Hopfen die negativen Effekte des Nikotins auf unsere Nerven dämpft.

Hopfen konnte in Experimenten die negativen Wirkungen des Zigarettengifts Nikotin (Ausschüttung von Stresshormonen, Beschleunigung des Pulsschlags, Verengung der Blutgefäße) dämpfen. Raucher sollten also regelmäßig Hopfentee trinken, am besten zwei Tassen pro Tag.

Ätherische Öle

Die ätherischen Öle sorgen für den typischen Geruch der Hopfenzapfen, unterstützen aber auch die beruhigende Wirkung der Bitterstoffe. Sie kommen besonders bei Anwendungen mit Bädern und Kissen aus Hopfenzapfen zum Tragen.

Gerbstoffe für die Braukunst

Die Hopfengerbstoffe sind vor allem für das Bierbrauen von Bedeutung; außerdem optimieren sie die Tätigkeit des Darms und erweitern die Blutgefäße.

Östrogenähnliches Xanthohumol

Dieser im Hopfen enthaltene Wirkstoff gehört zu den Flavonoiden. Das Xanthohumol besitzt ähnliche Eigenschaften wie das weibliche Hormon Östrogen und rechtfertigt dadurch den Einsatz von Hopfen bei Wechseljahrebeschwerden, bei sexuellen Zwangsvorstellungen und frühzeitigen oder unwillkürlichen Samenergüssen des Mannes.

Hier hilft Hopfen

- Menstruationsschmerzen
- Nervöse Ängste
- Nervöse Übererregbarkeit
- Schlafstörungen (vor allem Einschlafstörungen)

- Zwangsvorstellungen
- Zwangsneurosen
- Schmerzhafte Erektionen (Priapismus)
- Sexuelle Übererregbarkeit

Mögliche Nebenwirkungen

Wer der Entdecker der Hopfendolden als Bierzusatz war, ist unbekannt. Vermutlich waren es Mönche, die eher zufällig darauf kamen. Der sagenhafte König Gambrinus, angeblich Erfinder des Biers, ist jedenfalls identisch mit Bruder Cambarius – dieser lateinische Ausdruck steht für Kellermeister.

In einigen Fällen wird von den so genannten gedankenlähmenden Eigenschaften des Hopfens berichtet. Tatsache ist, dass er in hohen Dosierungen zu einer unerwünschten Müdigkeit bis hin zur Schläfrigkeit führen kann. Der beste Zeitpunkt für seinen Einsatz ist deshalb zweifelsohne der Abend, etwa eine Stunde vor dem Schlafengehen.

Anwendung und Dosierung

Tee

2 gehäufte Teelöffel Hopfenzapfen mit 1 Tasse kochendem Wasser übergießen. 10 bis 15 Minuten zugedeckt ziehen lassen und anschließend abseihen. 1 Stunde vor dem Schlafengehen getrunken, fördert Hopfentee das Einschlafen. Mit 1/2 Teelöffel Honig nimmt man ihm den bitteren Geschmack.

Noch wirksamer als Einschlafhilfe ist eine Kombination von Baldrianwurzeln und Hopfen. Dazu werden beide Pflanzen zu gleichen Teilen gemischt. Die Zubereitung erfolgt nach dem gleichen Muster wie beim reinen Hopfentee. Mit den ersten Wirkungen ist allerdings erst nach etwa 2 Wochen regelmäßiger Einnahme zu rechnen.

Tinktur

10 Gramm frische Hopfenzapfen in 20 Milliliter 70-prozentigen Alkohol geben und 7 Tage ziehen lassen. Danach abseihen und in eine dunkle Flasche geben. 1 Teelöffel Tinktur sollte etwa 1 Stunde vor dem Schlafengehen eingenommen werden. Hopfentinktur wirkt viel intensiver als Hopfentee und sollte daher nur eingenommen werden, wenn man sich wirklich zum Schlafen hinlegen will.

Bäder

1 bis 2 Hand voll Hopfenzapfen ins Badewasser geben. Bleiben Sie nicht länger als 10 Minuten in dem Bad. Hopfenbäder sind in ihrer schlaffördernden Wirkung zwar schwächer einzuschätzen als Melissenbäder, aber dennoch sehr wirksam.

Kissen

2 Hand voll getrocknete Hopfenzapfen – verpackt in kleine Leinensäckchen – in das Kopfkissen füllen. Die Füllung muss jährlich erneuert werden.

Einkauf

Getrocknete Hopfenzapfen erhält man in Apotheken, Reformhäusern und Drogerien. Bereits fertig abgefüllte Hopfenkissen gibt es ebenfalls schon seit längerem im Handel. Darüber hinaus wird Hopfen auch in zahlreichen Präparaten angeboten, meistens in Kombination mit anderen beruhigenden Kräutern wie Baldrian, Melisse oder Johanniskraut.

Monopräparate der Heilpflanze sind Bonased L, Nervenruh forte N, Lactidorm Beruhigungs-Kapseln und Spreewälder Pflanzenextrakt Hopfen. Grundsätzlich abzulehnen sind Kombinationen von Hopfen mit starken synthetischen Beruhigungs- oder Schlafmitteln, denn hier fungiert die Heilpflanze lediglich als werbewirksamer Zusatz, um dem Präparat einen Anstrich als unbedenkliches Naturheilmittel zu geben.

Der traditionell im Handel verkaufte Melissengeist enthält insgesamt 13 Heilkräuter. Neben der Melisse finden wir in ihm z. B. noch Alant und Engelswurz.

Melisse (Melissa officinalis)

Die Heilkraft der Melisse war schon im antiken Griechenland bekannt. Die Griechen verwendeten das Kraut gegen hysterische und hypochondrische Verstimmungen. Im mittelalterlichen Klostergarten wurde sie sogar auf kaiserlichen Befehl von Karl dem Großen angebaut.

Der berühmte Melissengeist wurde erst im 16. Jahrhundert entwickelt. Die Klosterfrau Maria Clementine Martin (1775–1843) setzte Melissengeist erstmals zur Linderung von Herz- und Nervenleiden ein. In dieser Funktion ist der Melissengeist auch heute noch im Handel – dabei wird jedoch gerne übersehen, dass Melisse zu den besten psychoaktiven Pflanzen gehört, die es gibt, und über ein breites Wirkungsspektrum verfügt.

Botanische Merkmale

Die Melisse gehört zur Familie der Lippenblütler und wird bis zu einem Meter hoch. Typisch für die Pflanze ist ihr intensiver Zitronengeruch (daher auch ihr Zweitname »Zitronenmelisse«). Ihre Heimat sind Westasien und das östliche Mittelmeergebiet, man findet sie aber gelegentlich auch bei uns.

Die Namen »Frauenkraut« und »Mutterkraut« verweisen auf die volksmedizinische Anwendung der Melisse als Heilmittel bei Frauenkrankheiten.

Die Wirkungen

Entspannende ätherische Öle

Melisse gehört zu den Pflanzen mit besonders hohem Gehalt an ätherischen Ölen. Hervorzuheben sind dabei Zitronellol, Linalool und Zitral. Sie wirken krampflösend und entspannend. Pflanzenheilkundler schreiben ihnen eine kopfschmerzlindernde Wirkung zu. In Experimenten zeigten sie eine starke wachstumshemmende Wirkung bei Pilzen und Viren.

Die Melisse gehört zu den wenigen Heilpflanzen, die ihre beruhigende Kraft in Form von Bädern unter Beweis stellen konnte. Die Verbesserung der Schlafqualität stellte sich bei Melissenbädern schon nach einer einzigen Anwendung ein – derartige Soforteffekte werden von Heilpflanzen nur ganz selten erreicht.

Offenbar scheinen die ätherischen Öle der Melisse über das Vollbad besonders gut vom Körper aufgenommen zu werden. Dort sorgen sie zunächst für eine zentrale Aktivierung (die Patienten fühlen sich munter und belebt), die dann später mit einer gegenregulatorischen Ermüdungsphase beantwortet wird (die Patienten fühlen sich wohlig entspannt und können nachts besser schlafen).

Bitterstoffe

Von den Bitterstoffen geht die appetitsteigernde Wirkung der Melisse aus.

Entzündungshemmende Gerbstoffe

Die Gerbstoffe wirken entzündungshemmend und antibiotisch, vor allem in den Schleimhäuten. Die antivirale Wirkung von Melisse bei Lippenherpes ist klinisch belegt. Darüber hinaus stärken die Melissengerbstoffe das Herz.

Mögliche Nebenwirkungen

Nebenwirkungen sind bis jetzt keine bekannt.

Hier hilft Melisse

- Appetitmangel
- Lippenherpes
- Herzängste
- Herzrhythmusstörungen
- Herz-Kreislauf-Schwäche
- Kopfschmerzen
- Menstruationsschmerzen
- Nervosität, Unruhe

Anwendung und Dosierung

Tee

2 Teelöffel Melissenblätter mit 1 Tasse heißem (nicht kochendem) Wasser übergießen, zugedeckt ziehen lassen und nach 10 Minuten abseihen. Von diesem Tee sollten 3 Tassen täglich getrunken werden. Melissenteekuren helfen bei Herzbeschwerden sowie bei Nervosität und Appetitmangel.

Tinktur

20 Gramm Melissenblätter mit 100 Milliliter 70-prozentigem Alkohol übergießen. 10 Tage an einem warmen Platz ohne direkte Sonneneinstrahlung ziehen lassen. Abseihen und in eine Tropfenzählflasche füllen. 2-mal täglich 15 Tropfen helfen bei Herz- und Kreislaufbeschwerden, in äußerlicher Anwendung hilft Melissentinktur bei Lippenherpes und einigen Fußpilzarten.

Vollbad

Die beruhigenden Effekte von Melissenvollbädern sind wissenschaftlich belegt. In dieser Zubereitungsform ist Melisse vielen andereren psychoaktiven Pflanzen weit überlegen.
Für die Anwendung nimmt man am besten fertiges Zitronellöl aus dem Handel. Die Dosierung beträgt 20 Milliliter 40-prozentiges Zitronellöl auf 100 Liter Badewasser (Temperatur 37 bis 39 °C). Dauer der Anwendung: 10 bis 12 Minuten, höchstens 1-mal täglich, stets am Abend. Bedenken Sie, dass Vollbäder recht aufwändig und kostspielig in ihrer Anwendung sind.

Einkauf

Getrocknete Melissenblätter sowie Zitronellöl erhalten Sie in Apotheken, Reformhäusern und Drogerien. Darüber hinaus existieren zahlreiche Präparate.

Die Wirkung der Melisse als Herz- und Kreislaufmittel kommt in Namen wie »Herzkraut« und »Herztrost« zum Ausdruck.

Lern- und Konzentrations- schwäche

Lernstress, Prüfungsangst und Dauerbelastung im Beruf – unser Geist ist ständig gefordert und muss höchste Leistung erbringen. Die Unfähigkeit, beim Thema zu bleiben oder sich auf gedankliche Vorgänge zu konzentrieren, kann dann besonders quälend sein. Oft ist auch hier – wie bei Stress und Erschöpfung – eine Überzahl auf uns einstürzender Sinnesreize das Problem. Wir haben nicht nur nicht gelernt, mit der Informationsflut geistig Schritt zu halten, wir haben es auch verlernt, uns dieser Flut von Zeit zu Zeit zu entziehen. Letzteres jedoch gehört zu den großen Chancen psychoaktiver Pflanzen: Ginkgo, Guarana, Meerträubel und andere psychoaktive Heilkräuter mehr verhelfen uns zu der Möglichkeit, einmal richtig abzuschalten.

Wenn das Gedächtnis streikt

Ginkgo (Ginkgo biloba)

Ginkgobäume sind die Überlebenden einer Baumart, die bereits vor etwa 250 Millionen Jahren unseren Globus bevölkerte; sie werden daher von Wissenschaftlern gerne als lebende Fossilien bezeichnet.

Als Heilpflanze ist Ginkgo hingegen weniger alt. In der traditionellen chinesischen Medizin wird er erstmals im 14. Jahrhundert n. Chr. erwähnt, wobei allerdings vor dem übermäßigen Verzehr seiner leicht giftigen Nüsse gewarnt wird. Und auch als Heilmittel waren es später die Nüsse, die den Einzug in die chinesische Medizin schafften, nicht etwa die Blätter.

Heute sieht die Situation anders aus. Wenn von Ginkgo die Rede ist, dann von den Zubereitungen seiner Blätter. Und über die liegen mittlerweile zahlreiche wissenschaftliche Untersuchungen vor, die keine Zweifel mehr daran lassen, dass wir es bei Ginkgo mit einer der wirkungsvollsten psychoaktiven Pflanzen überhaupt zu tun haben.

Hierzulande erfolgt die Anwendung von Ginkgo am besten über die handelsüblichen Extrakte. Die Behandlung sollte mindestens acht Wochen dauern.

Botanische Merkmale

Der Ginkgobaum wird bis zu 30 Meter hoch, sein charakteristisches Merkmal sind die sechs bis acht Zentimeter breiten, fächerförmigen, zweilappigen Blätter mit ihren gegabelten Nerven. Seine ursprüngliche Heimat ist China; mittlerweile wird er jedoch auch in zahlreichen anderen Ländern kultiviert.

Die Wirkungen

Vom Körper optimal nutzbar

Die Hauptwirkstoffe des Ginkgos sind Ginkgoflavonglykoside und Terpenlactone, die auch als Grundlage für die Standardisierung moderner Ginkgopräparate herangezogen werden. Sie sind nicht nur psychoaktiv, sondern auch gut verfügbar und werden von unserem Körper optimal verwertet. Mit anderen Worten: Ginkgo hilft nicht nur theoretisch im Laborversuch, sondern auch praktisch im Alltag, weil er nicht nur im Besitz psychoaktiver Stoffe ist, sondern diese auch von unserem Körper genutzt werden können.

Schutz der Gehirnzellen

Dutzende von Studien belegen, dass Ginkgo bei durchblutungsbedingter Hirnleistungsschwäche hilft. Er hilft hier einmal dadurch, dass er den so genannten Platelet Activating Factor (dieser Faktor fördert die Blutgerinnung in den Gefäßen) beeinflusst und auf diese Weise den Blutfluss im Gehirn verbessert, und andererseits dadurch, dass er funktionsschwache Nervenzellverbände vor Sauerstoffnot oder anderen krank machenden Einflüssen schützt.

Ginkgo wird nicht nur in Japan und China angebaut, sondern mittlerweile auch in Deutschland. Darüber hinaus wird er aus Frankreich importiert.

Ginkgo schützt die Gehirnzellen außerdem vor dem programmierten Zelltod, der so genannten Apoptose. Zu diesem Ergebnis kommt eine Studie des Marburger Universitätsinstituts für Pharmakologie und Toxikologie. Die Wissenschaftler brachten Nervenzellkulturen dazu, ihr genetisches Selbstmordprogramm zu aktivieren, indem man ihnen Nahrung entzog und sie bestimmten Giften aussetzte. Dieser normalerweise automatisch ablaufende Prozess konnte jedoch für eine gewisse Zeit unterdrückt werden, indem man die Zellen mit Ginkgo behandelte. In einer Lösung mit reinen Glykosiden der Ginkgoblätter schafften es die Zellen sogar, zwölf Stunden lang weiterzuleben.

Mit Ginkgo gegen Ohrgeräusche

Schließlich wird Ginkgo auch zur Behandlung von Tinnitus (Ohrgeräusche) und Hörsturz eingesetzt. Wissenschaftliche Belege für dieses spezielle Einsatzgebiet existieren jedoch nicht, und wenn die Heilpflanze dann zur Tinnitustherapie noch mit Laserstrahlen kombiniert wird, um ihr energetisches Niveau zu steigern, so verweist dies auch nicht unbedingt auf einen seriösen medizinischen Hintergrund.

Hier hilft Ginkgo

- Demenz
- Schwindel
- Lern- und Konzentrationsschwäche
- Geistige Abgeschlagenheit, Hirnleistungsstörungen
- Kopfschmerzen
- Vergesslichkeit

Die gelben Ginkgo-früchte mit ihrem hol-zigen Kern gelangen im Gegensatz zu den Blättern der Pflanze kaum zur medizini-schen Anwendung.

Mögliche Nebenwirkungen

In ganz seltenen Fällen können Ginkgoextrakte zu Kreislauf-störungen (Herzklopfen, Schwindel, Kopfschmerzen) und aller-gischen Hautreaktionen führen. Ansonsten kann Ginkgo zu den risikoarmen Heilpflanzen gezählt werden.

Anwendung und Dosierung

Die Anwendung erfolgt über Ginkgoextrakte, die Blätter selbst sind zur Teezubereitung weniger geeignet. Bei den Extrakten werden grundsätzlich zwei Typen unterschieden:

● Präparate auf Basis der Spezialextrakte EGb761 und Ll 1370, standardisiert auf 25 Prozent Ginkgoflavonglykoside und 6 Pro-zent Terpenlactone. Die meisten klinischen Studien sind mit diesen Extrakten durchgeführt worden. Präparate mit EGb 761 sind Rökan, Gingium Filmtabletten, Ginkobil N-ratiopharm Dragees, Ginkodilat, Ginkgo Heumann, Isoginkgo, Craton forte, Ginkgo biloba comp. Hevert und Ginkopur Filmtabletten. Präparate mit Ll 1370 sind Kaveri Filmtabletten, Kaveri N Lö-sung. Die Dosierung beträgt 120 bis 240 Milligramm Trockenex-trakt pro Tag, auf 3 Portionen verteilt.

● Präparate mit nicht näher deklarierten Ginkgoblattextrakten wie Ginkgo-Dragees Salus, Ginkgo 405 Duopharm oder aber nicht näher bestimmbaren homöopathischen Ginkgozuberei-tungen wie Ginkgoforce, Ginkgohehl und Heweginkgo. All die-se Präparate sind in der Regel preiswerter als die standardisier-

Ginkgo hilft auch gegen die Alzheimer-krankheit. Mehrere Studien belegen, dass die Pflanze ebenso wirksam ist wie die so genannten Cholin-esterasehemmer, die bei der Erkrankung als Standardmedi-kament gelten.

59

ten Zubereitungen, sie sind aber auch in ihrer Wirkung schwieriger einzuschätzen. Die Dosierung richtet sich nach den jeweiligen Packungsbeilagen.

Einkauf

Ginkgopräparate sind in Apotheken erhältlich.

Guarana (Paullinia cupana)

Die Cupanaliane ist ein Gewächs, das sich tief mit seiner Heimat verbunden fühlt. Denn bisher scheiterten alle Versuche, die Pflanze anderswo als am Amazonas zu kultivieren.

Die Indianer schätzen Guarana als Tonikum und Anregungsmittel bei Ermüdungserscheinungen und Kopfschmerzen, im peruanischen Amazonasgebiet gilt Guarana als Aphrodisiakum. In der Phytotherapie und Alternativmedizin wird die Pflanze zur Behandlung von Migräne, ständiger Müdigkeit, Kaffeesucht und leichten Depressionen eingesetzt. Die Homöopathie verwendet eine Tinktur aus reifen Guaranasamen zur Behandlung von Kopfschmerzen. In jüngerer Zeit wird Guarana neben anderen Muntermachern gerne den Drinks für die Technoszene beigemischt. Ein Heilkraut mit mannigfaltigen Einsatzmöglichkeiten also, dessen großer Vorteil darin liegt, dass sein hoher Koffeinanteil – ähnlich wie bei Mate und grünem Tee – durch spezielle Inhaltsstoffe in seiner Wirkung verändert wird.

Botanische Merkmale

Guarana entstammt einer südamerikanischen Liane, der so genannten Cupanaliane. Sie wird bis zu zwölf Meter lang und klettert mit Hilfe von Spreizästen an Bäumen hoch. Ihr natürliches Verbreitungsgebiet liegt im mittleren Amazonas, das Hauptanbaugebiet liegt bei Manaus. Eine Pflanze ergibt pro Ernte etwa ein Kilogramm der zu therapeutischen Zwecken eingesetzten Samen.

Die Wirkungen

Gestrecktes Koffein

Kein anderes Genussmittel enthält so viel Koffein wie Guarana. Sein Koffeingehalt ist achtmal so hoch wie bei Mate und dreimal so hoch wie bei Kaffee. Dennoch sorgt Guarana nicht für den schnellen Koffeinkick, sondern für ein Koffeinniveau im Körper, das sich erst langsam entwickelt, dafür aber auch über mehrere Stunden anhält. Der Grund: Wie bei Mate und grünem Tee sind die Koffeinmoleküle an Gerbsäuren gebunden, die das anregende Alkaloid erst nach und nach freigeben.

Hinsichtlich seiner stimulierenden Wirkungen ist Guarana allen anderen Koffeinquellen weit überlegen. Die Wirkung ist intensiver und wird außerdem mitunter von sexueller Erregung begleitet – nicht umsonst wird Guarana in Südamerika noch heute als Aphrodisiakum eingesetzt. Andererseits hemmt Guarana Durst- und Hungergefühle sowie depressive Verstimmungen. In der Phytotherapie gilt Guarana zu Recht als ungefährliches und mildes Antidepressivum.

Hier hilft Guarana

- Chronisches Erschöpfungssyndrom

- Geistige und körperliche Erschöpfung

- Konzentrationsschwäche

- Melancholie

- Sexuelle Unlust

- Übergewicht; Guarana eignet sich durch seine appetithemmende Wirkung bestens zur Unterstützung von gesundheitsbedingten Abmagerungskuren

---

Mögliche Nebenwirkungen

Guarana enthält überaus viel Koffein; dementsprechend kann es bei hohen Dosierungen (mehr als ein Teelöffel Guaranapulver pro Tag) zu beschleunigtem Herzschlag (Tachykardie), gesteigertem Drang zum Wasserlassen, Schlaflosigkeit und Verdauungsbeschwerden kommen.

Aufgrund der Koppelung des Koffeins an Gerbsäuren besteht bei den brasilianischen Lianensamen jedoch kein größeres Risiko als bei Kaffee. Die oft (vor allem von Technogegnern) beschworene Gefahr einer Abhängigkeit durch Guaranagebrauch beruht auf Vermutungen, nicht aber auf konkretem Wissen. In der Phytotherapie wird Guarana sogar dazu eingesetzt, Menschen mit Kaffeesucht zu heilen.

Im Sommer sollte der Guaranaverzehr heruntergeschraubt werden, weil das Durstgefühl gehemmt und eine Wasserunterversorgung provoziert werden. Schwangeren wird generell vom Verzehr stark koffeinierter Getränke abgeraten, da sie beim Neugeborenen das Risiko von Atemstillständen erhöhen.

Guarana wirkt nicht bei jedem. Es gibt Menschen, die durch Guaranaverzehr überhaupt nicht angeregt oder sogar müde werden. Eine Erklärung für dieses Phänomen gibt es nicht.

Anwendung und Dosierung

Die Zubereitung der Guaranapflanze, die die Amazonasindianer bevorzugen, basiert auf den Guaranapasten, die sich – als Stangen gerollt – gut im Handgepäck transportieren lassen. Bei Bedarf nimmt man die Stangen heraus, um dann ein paar Krümel abzuschaben und sie in heißem Wasser aufzulösen – eine Verfahrensweise, die auch für unseren Alltag tauglich ist. Die Dosis pro Tasse (etwa 150 bis 200 Milliliter) liegt bei 1 Gramm, die Tagesdosis liegt bei 1/2 bis 1 Teelöffel Guaranapulver.

Darüber hinaus kann Guaranapulver in zahlreichen anderen Speisen verarbeitet werden. Auch als Beigabe zu Getränken eignet sich das wohlschmeckende Pulver.

Volksmedizinisch wird Guarana auch bei Menstruationsschmerzen, Verdauungsbeschwerden, Durchfällen, Schwächezuständen und Fieber getrunken. Aus pharmazeutischer Sicht lassen sich diese Anwendungen weniger durch den hohen Koffeinanteil von Guarana als vielmehr durch seine entzündungshemmenden Gerbstoffe erklären.

Amazonaspunsch mit Guarana

Zutaten *(für 1 Person): 1/2 Banane • 1/2 Apfel • 1 TL Guaranapulver • 150 ml Apfelsaft • 1/4 Papaya • 5 mittelgroße Erdbeeren*
Zubereitung: Die Banane schälen, in Scheiben schneiden. Den Apfel entkernen und in Stücke schneiden. Das Guaranapulver, den Apfelsaft und die Früchte im Mixer pürieren. Den Punsch anschließend in ein Glas füllen und kühl servieren.

Einkauf

Guarana gibt es mittlerweile in Deutschland in zahlreichen Variationen zu kaufen. Seit einiger Zeit setzen viele Anbieter auf Kapseln mit Guaranaextrakt; ihre Wirkung ist jedoch oft enttäuschend, wahrscheinlich deshalb, weil zur optimalen Freisetzung der Guaranawirkung der Speichel gebraucht wird.

Besser als eine Tablette oder Kapsel sind da schon die klassische Guaranapaste oder das Guaranapulver; beides kann man gut im Heißwasseraufguss, aber auch in Müsli und Joghurt lösen. Man erhält sie in Lebensmittelfachgeschäften, die sich auf exotische Ware spezialisiert haben, sowie im ethnobotanischen Fachhandel (Adressen Seite 164 unter Bezugsquellen), mitunter aber auch in Reformhäusern. Bevorzugt werden sollte Ware aus ökologisch kontrolliertem Anbau.

In der Technoszene kursieren auch schon Drinks, Bonbons und Kaugummis mit Guarana. Sie besitzen wohl eine aufmunternde Wirkung, enthalten aber auch zahlreiche Zusatzstoffe, außerdem sind sie recht teuer. Preiswerter verfährt, wer ein paar Krümel Guaranapaste in einen normalen Kaugummi wickelt und dann zerkaut oder sie aber in heißem Kakao verrührt.

Kreuzblume (Polygala sibirica)

Die Kreuzblume – auch Chodat genannt – stammt aus Nordchina und aus der Mongolei. Sie hat vor allem in der taoistischen Medizin eine lange Tradition als Pflanze, die das Gedächtnis und die geistigen Fähigkeiten verbessern soll. Verwendet werden ihre Wurzeln.

Botanische Merkmale

Die Kreuzblume wird als kleiner Strauch etwa 25 Zentimeter hoch, mit dünnen Zweigen und schmalen, stachelartigen Blättern. Sie wächst in Nordchina, Sibirien und in der Mongolei. Botanisch verwandt ist die Polygala sibirica mit der bei uns heimischen Bitteren Kreuzblume, die auf feuchten Wiesen, aber auch an trockenen Böschungen wächst.

Die Wirkungen

Belebende Saponine

Die Hauptwirkstoffe der Kreuzblume sind Senegin und die so genannten Senegasaponine. Besonders das Senegin wirkt belebend und konzentrationssteigernd. An Labortieren zeigte es verbunden mit den Saponinen außerdem einen blutzuckersenkenden Effekt. Darüber hinaus hemmen beide Stoffe die Aufnahme von Alkohol aus der Nahrung.

Die traditionelle chinesische Medizin verwendet die Kreuzblume in der Behandlung von Nervosität, Schlaflosigkeit, Vergesslichkeit, Antriebsarmut, Geistesabwesenheit, Stimmungsschwankungen und Melancholie. Sie gilt als den Geist beruhigend, schärfend für die Sinne und wohltuend bei Gemütsleiden.

Die Kreuzblume aktiviert die Schleimabsonderung im Hals, sie eignet sich dadurch auch zur Behandlung von Raucherhusten. In dieser Wirkung wird sie aber von ihrer Verwandten, der Senegawurzel (Polygala senega), übertroffen.

Hier hilft Kreuzblume

- Antriebsarmut
- Gedächtnisschwäche
- Geistesabwesenheit
- Nachwirkungen von übermäßigem Alkoholgenuss
- Konzentrationsschwäche
- Nervosität
- Schlafstörungen
- Stimmungsschwankungen und Melancholie

Mögliche Nebenwirkungen

Bei der empfohlenen Dosis von fünf bis neun Gramm pro Tag sind keine Nebenwirkungen bekannt. Höhere Dosierungen können zu Übelkeit und Erbrechen führen.

Anwendung und Dosierung

5 bis 9 Gramm der Wurzeln mit 500 Milliliter Wasser aufkochen, 10 Minuten bei geringer Hitze kochen lassen, anschließend absehen. Der Aufguss wird in 2 Portionen getrunken, die erste am Morgen, die zweite am Abend.

Einkauf

Lavendelöl gehört zu den Stützpfeilern der Aromatherapie. Viele Duftölmischungen riechen harmonischer, wenn man ihnen etwas Lavendelöl beigibt.

Sie erhalten Kreuzblumenwurzeln im ethnobotanischen Fachhandel und im Fachhandel für traditionelle chinesische Medizin (Adressen Seite 164 unter Bezugsquellen).

Lavendel (Lavandula angustifolia)

Obwohl Lavendel aus dem Mittelmeerraum stammt, kommt er in den Werken der antiken griechisch-römischen Medizin nur vereinzelt vor. Der eigentliche Durchbruch zur Heilpflanze gelang dem Halbstrauch mit seinen blauvioletten Blüten erst unter Hildegard von Bingen, also im 12. Jahrhundert. In der Volksmedizin wird Lavendeltee bei Magenschmerzen, Migräne, Krämpfen, Schwindel und Schlaflosigkeit getrunken.

Von Juli bis August steht der Lavendel in seiner typisch violettfarbenen Blüte, deren Anblick charakteristisch für den westlichen Mittelmeerraum ist.

Die Wirkungen

Harmonisierende Öle

Die Kommission E des ehemaligen Gesundheitsamts empfiehlt Lavendelblüten »innerlich bei Befindlichkeitsstörungen wie Unruhezuständen, Einschlafstörungen und funktionellen Oberbauchbeschwerden wie Reizmagen und Blähungen«. Man berief sich zu der Zeit, als diese Empfehlungen ausgesprochen wurden (1984), auf Berichte der Erfahrungsmedizin, wissenschaftliche Belege lagen damals nicht vor.

Dies hat sich jedoch geändert. Jüngere Studien einer Forschungsgruppe der Universitäten Wien, Innsbruck und München belegen in wissenschaftlichen Versuchen beruhigende Effekte des ätherischen Lavendelöls sowie seiner Hauptinhaltsstoffe Linalylacetat und Linalool.

Demzufolge reicht es bereits aus, die ausströmenden Düfte des Öls nur einzuatmen oder das Öl in einer dünnen Schicht auf der Haut zu verreiben, um sich entspannt und ruhig zu fühlen. Interessant am Lavendeleffekt ist, dass die herbeigeführte Entspannung zu einer Verbesserung der Aufmerksamkeit, also nicht zu Schläfrigkeit führt.

In Form von Tee entfaltet Lavendel die schwächsten psychoaktiven Wirkungen. Die stärksten Effekte auf die Psyche gehen vom ätherischen Lavendelöl aus.

Stabilität für den Blutzuckerspiegel

In anderen Studien zeigte sich, dass Lavendelöl auf die Blutzuckerbereitstellung der Leber wirkt. Ein oder zwei Tropfen des Öls, 15 Minuten vor dem Essen eingenommen, reduzieren spürbar den Appetit, vor allem den Hunger auf Süßes. Dies hilft natürlich nicht nur beim Durchhalten einer Diät; auch gehen von der Blutzuckerstabilisierung auch positive Effekte auf das geistige Arbeiten aus – denn kein Organ benötigt bekanntlich so viel Zucker wie das Gehirn.

Hier hilft Lavendel

- Konzentrationsschwäche
- Lernschwäche
- Nervöse Oberbauchbeschwerden
- Nervöse Unruhe
- Schlafstörungen
- Übergewicht
- Instabile Blutzuckerlage
- Migräne

Mögliche Nebenwirkungen

Nebenwirkungen sind bei bestimmungsgemäßer Verwendung der Heilpflanze bisher keine bekannt. In hohen Dosierungen von über einem Gramm kann das ätherische Lavendelöl jedoch zu starker Schläfrigkeit führen.

Anwendung und Dosierung

Tee

1,5 Gramm Lavendelblüten (2 gestrichene Teelöffel) mit 1 Tasse kochendem Wasser überbrühen, zugedeckt 10 Minuten ziehen lassen, anschließend abseihen. Von diesem Tee sollten 3 Tassen täglich getrunken werden.

Lavendelkissen

Lavendelöl ist ausgesprochen hautfreundlich. Ein direktes Auftragen auf die Haut – beispielsweise das Einmassieren in die Schläfen – ist daher völlig unbedenklich.

Deponieren Sie einige Leinensäckchen mit getrockneten Lavendelblüten in der Füllung Ihres Kopfkissens. Nach etwa 1 Jahr müssen die Blüten ausgetauscht werden. Es gibt mittlerweile aber auch schon fertig abgefüllte Lavendelkissen im einschlägigen Fachhandel.

Ätherisches Lavendelöl

Die Verwendung vom ätherischem Lavendelöl ist sicherlich die effektivste Form der Lavendeltherapie, da die Hauptwirkstoffe des ätherischen Öls sehr gut über Haut und Atmung aufgenommen werden.

Verteilen Sie einige Duftsteine mit Lavendelöl in Ihrem Arbeitszimmer, wenn Sie Probleme mit Lern- und Konzentrationsschwäche haben. In akuten und besonders hartnäckigen Fällen von geistiger Erschöpfung massieren Sie einige Tropfen oberhalb der Schläfen ein. Eine weitere Möglichkeit besteht darin, etwa 2 bis 4 Tropfen des Öls auf ein Stück Würfelzucker zu träufeln und dies im Mund zergehen zu lassen. Die Dosis von 10 Tropfen pro Tag sollte bei innerlicher Anwendung allerdings nicht überschritten werden.

Als Einschlafhilfen eignen sich abendliche Vollbäder mit Lavendelöl. Die Dosierung: 20 Milliliter 10-prozentiges Öl auf 100 Liter Badewasser, Temperatur 37 bis 39 °C. Baden Sie darin mindestens 10, aber nicht länger als 15 Minuten. Bedenken Sie außerdem, dass Heilbäder teuer sind und viel Wasser und Energie verbrauchen.

Einkauf

Ätherisches Lavendelöl und getrocknete Lavendelblüten gibt es in Apotheken, Reformhäusern und Drogerien.

Meerträubel (Ephedra nevadensis)

Meerträubel ist eine der ältesten vom Menschen verwendeten Pflanzen überhaupt. Ausgrabungen belegen, dass sie schon von den Neandertalern zu rituellen und medizinischen Zwecken genutzt wurde. Die Ephedra nevadensis hat ihre Heimat im Südwesten Nordamerikas, und auch sie wurde schon zu prähistorischen Zeiten verwendet, um die Seele zu mystischen Erlebnissen zu erheben, oder aber auch trivial dazu, um Durchfall zu heilen.

Botanische Merkmale

Der Meerträubel Ephedra nevadensis wird bis zu einem Meter hoch. Im Handel wird oft auch Ephedra sinica angeboten, der chinesische Meerträubel. Diese Ephedraart ist wesentlich unkalkulierbarer in ihren Wirkungen und wird deshalb hier nicht näher besprochen.

Die Wirkungen

Aufmunterndes Ephedrin

Ephedrin bildet den Hauptwirkstoff des Meerträubels. Es feuert sozusagen unser vegetatives Nervensystem an und sorgt auf diese Weise für eine vermehrte Ausschüttung des euphorisierenden, atembefreienden und blutdrucksteigernden Hormons Noradrenalin. Dementsprechend wirkt Meerträubel auf uns stimulierend, leistungssteigernd (Ephedrin steht auf der Dopingliste!) und stimmungsaufhellend – und das bis zu acht Sunden lang. In hoher Dosierung kommt es zu starker sexueller Erregung. Nichtsdestoweniger zählt Meerträubel nicht zu den Potenzmitteln. Im Gegenteil: Er führt sogar mitunter zu einer vorübergehenden Impotenz.

Mögliche Nebenwirkungen

Langfristiger Dauergebrauch (länger als ein Monat) von Meerträubelzubereitungen kann zur Abhängigkeit führen, beim einmaligen Gebrauch kann es – trotz gesteigerter Lustgefühle –

Aufgrund seiner aphrodisierenden Wirkungen wird der Meerträubeltee in den USA auch whorehouse tea (Hurenhaustee) genannt. Pikanterweise zählt er aber auch zu den Lieblingsgetränken der Mormonen (daher auch der Name »Mormonentee«).

beim Mann zu vorübergehender Impotenz kommen. Überhöhte Dosierungen (mehr als 30 Gramm pro Tag) können Appetitlosigkeit, Herzklopfen, Schlaflosigkeit und Herzrhythmusstörungen verursachen.

Fazit: Für Hypotoniker, die gegen die mit ihrem niedrigen Blutdruck verbundene Müdigkeit angehen wollen, ist Meerträubel sicherlich eine Alternative. Für den Dauergebrauch ist die Pflanze allerdings ungeeignet. Auch sollten die Ursachen eines zu niedrigen Blutdrucks natürlich mit dem Hausarzt besprochen und abgeklärt werden.

Meerträubel wirkt auch bei Heuschnupfen und anderen allergischen Reaktionen. Heuschnupfenmitteln wird oft auch Ephedrin zugesetzt – der Hauptwirkstoff der Meerträubelpflanze.

Anwendung und Dosierung

Abkochung

Geben Sie 15 bis 30 Gramm des Meerträubelkrauts auf 1/2 Liter kochendes Wasser. 10 Minuten zugedeckt bei geringer Hitze kochen lassen. Anschließend etwas Zitronensaft dazugeben – dadurch wird die Resorption der Meerträubelwirkstoffe verbessert, außerdem ist es gut für den Geschmack.

Hier hilft Meerträubel

- Geistige und körperliche Erschöpfung
- Asthma bronchiale
- Heuschnupfen

- Hypotonie (niedriger Blutdruck)
- Nesselsucht
- Allergien

Räucherwerk

Dazu brauchen Sie eine feste Räucherschale und etwas Feuersand zum Füllen (auch Vogelsand kann verwendet werden). Legen Sie eine bereits entzündete Holzkohletablette (2 bis 4 Zentimeter Durchmesser) auf den Sand, und träufeln Sie etwas Meerträubeltee darüber. Eine besonders aphrodisierende Alternative dazu ist eine Mischung aus Meerträubel mit Damiana, zu gleichen Teilen. Nach dem Räuchern sorgt Lüften dafür, dass nur der angenehme Meerträubelduft zurückbleibt.

Einkauf

Meerträubelkraut gibt es im ethnobotanischen Fachhandel (Adressen Seite 164 unter Bezugsquellen).

Pfefferminze (Mentha piperita)

Minzen waren schon den alten Ägyptern und Griechen bekannt. Man schätzte sie als Bestandteil kultischer Duftöle, aber auch als Heilmittel gegen Krämpfe und Kopfschmerzen. Die Pfefferminze entwickelte sich aus grüner Minze und der Wasserminze, die selbst nicht annähernd an die Heilkraft ihres Abkömmlings herankommen.

Wann die Pfefferminze letzten Endes zu uns übersiedelte und zu einem festen Bestandteil unserer Garten- und Pflanzenwelt wurde, ist nicht bekannt.

Botanische Merkmale

Wilde Pfefferminze findet man selten, die pharmazeutisch genutzten Pflanzen werden meist angebaut. Sie werden bis zu 80 Zentimeter hoch, geerntet wird kurz vor der Blüte im Juni.

Die Wirkungen

Anregendes und schmerzhemmendes Menthol

Pfefferminze brilliert durch ihre ätherischen Öle, und hier steht vor allem das schmerzhemmende und krampflösende Menthol im Mittelpunkt. Die Pfefferminze wird dadurch zu einer wirksamen Heilpflanze bei allen Krankheiten, die mit einer starken Schmerz- und Krampfbildung einhergehen, wie etwa Darmkoliken, Migräne oder Menstruationsbeschwerden.

In der Volksmedizin wird die Pfefferminze schon lange auch als Beruhigungsmittel eingesetzt, und zwar in Kombination mit Heilkräutern wie Baldrian und Johanniskraut. Zusammen mit Weißdorn, Herzgespann und Rosmarin findet man sie außerdem in Tees zur Kräftigung von Herz und Kreislauf.

Damit die Pfefferminzernte reich ausfällt, ist ein mooriger oder ein mit tonigem Kalk versetzter Boden ideal.

Hilfe bei Spannungskopfschmerzen

Darüber hinaus konnte das ätherische Pfefferminzöl in einer amerikanischen Studie den konkreten Beweis antreten, unsere Konzentration zu fördern. In dieser Studie mussten die Testpersonen 40 Minuten lang schwierige Rechenaufgaben am Computer lösen. Dabei wurde den Gruppen alle fünf Minuten entweder reine Luft oder Pfefferminzduftstoff über eine Atemmaske zugeführt. Das Ergebnis: Die mit Pfefferminze beatmeten Probanden schnitten um etwa 20 Prozent besser ab als ihre mit reiner Luft behandelten Kollegen.

Die Pfefferminze wurde schon in der Antike zur Behandlung von Kopfschmerzen eingesetzt. Später wurde dieser Effekt leider viele Jahre vergessen. Erst jüngere Untersuchungen brachten ihn wieder an die Öffentlichkeit.

Untersuchungen der Universitätsklinik Kiel zeigen schließlich Perspektiven der Pfefferminze für die Behandlung von Spannungskopfschmerzen auf. Das Öl wirkt bei lokaler Anwendung auf der Haut kühlend und dadurch hemmend auf die Schmerzfühler. Außerdem hemmt es die Wirkung der Substanz P, die den Schmerz vom Schmerzfühler zum zentralen Nervensystem überspringen lässt. In einem Experiment an 164 Patienten mit Spannungskopfschmerzen vermochte zehnprozentiges Pfefferminzöl bereits nach 15 Minuten die Schmerzintensität deutlich zu verringern. Damit erzielt es ähnliche Erfolge wie die schmerzstillenden Wirkstoffe Paracetamol und ASS (in Aspirin).

Kräftigende Enzyme

Die Minzenzyme Peroxidase und Katalase sind unentbehrlich für das reibungslose Arbeiten der roten und weißen Blutkörperchen. Sie machen die Pfefferminze zu einem wirksamen Abwehr- und Blutkräftigungsmittel.

Mögliche Nebenwirkungen

Jüngere Untersuchungen belegen, dass von der Pfefferminze selbst bei längerem Gebrauch keine Risiken ausgehen.

Anwendung und Dosierung

Tee

1 bis 2 Teelöffel Pfefferminzblätter mit 1 Tasse kochendem Wasser übergießen. 10 Minuten zugedeckt ziehen lassen, anschließend abseihen. Empfohlen werden 3 Tassen pro Tag. Pfefferminztee ist besonders bei Verdauungsbeschwerden hilfreich, er unterstützt die Verdauung von fetten Speisen. 1 Stunde vor dem Essen getrunken, wirkt er bei Appetitlosigkeit.

Hier hilft Pfefferminze

- Abgeschlagenheit
- Abwehrschwäche
- Chronische Erschöpfung
- Konzentrationsschwäche

- Kopfschmerzen
- Lernschwäche
- Menstruationsbeschwerden
- Erschöpfungszustände

Sirup

2 Hand voll frische Pfefferminzblätter in 1 Liter Wasser etwa 20 Minuten weichen lassen, anschließend abseihen. Zum Schluss 800 Gramm Zucker hinzufügen. Dieser Sirup wirkt kräftigend und erfrischend.

Pfefferminzöl

2 Hand voll frische Pfefferminzblätter mit 1/2 Liter Pflanzenöl vermischen, z. B. Distel- oder Olivenöl. Die Mischung in eine durchsichtige Flasche füllen, die dann für 6 Wochen auf die warme Fensterbank gestellt wird. Anschließend wird abgeseiht, wobei die Rückstände gut ausgepresst werden sollten. Die Aufbewahrung erfolgt in einer dunklen, luftdicht verschließbaren Flasche. Alternativ dazu können Sie aber auch fertiges Pfefferminzöl in Apotheken, Drogerien und Reformhäusern kaufen. Es wird mittlerweile in guter Qualität zu akzeptablen Preisen angeboten. Pfefferminzöl – 3 bis 5 Minuten lang an den Kopfseiten in der Nähe der Schläfen einmassiert – hilft gegen Konzentrationsschwäche und Kopfschmerzen.

Wenn Pfefferminze selbst angebaut wird, sollte sie zwischen Kartoffeln, Salaten oder Kohl angepflanzt werden. Denn dort wehrt die aromatische Staude Schädlinge ab.

Migränestifte

In der Apotheke gibt es mittlerweile so genannte Migränestifte auf der Basis von Pfefferminzöl. Diese Stifte helfen auch bei Müdigkeit und Konzentrationsschwäche. Wer allerdings seine Kopfseiten mit normalem Pfefferminzöl einmassiert, kommt – bei gleicher Wirkung – erheblich billiger weg.

Einkauf

Getrocknete Pfefferminze ist in jeder Apotheke sowie in Tee- und Gewürzgeschäften erhältlich. Frische Pfefferminze gibt es in einigen Gemüseläden. Pfefferminzöl gibt es in Apotheken, Drogerien und Reformhäusern.

Akute und chronische Schmerzen

Wenn der Schmerz zum ständigen Begleiter wird, hat das schwer wiegende Konsequenzen für die Lebensqualität. Nicht nur die Betroffenen selbst, auch deren Angehörige und Freunde stehen dem Phänomen Schmerz meist hilflos und mit wachsender Resignation oder Aggressivität gegenüber. Ob rheumatische Erkrankungen, Migräne oder chronische Rückenschmerzen – sie alle belasten die Seele. Ebenso können aber therapeutisch wirksame Heilpflanzen wie Bittersüß, Hanf oder Weidenrinde auch wieder mehr Zuversicht und Freude in das Leben der Menschen bringen, die sich zunächst hilflos dem Schmerz ausgeliefert sehen. Lassen Sie sich vom Schmerz nicht passiv mitreißen, treten Sie ihm aktiv gegenüber!

Wenn das Leben zur Qual wird

Bittersüß (Solanum dulcamara)

Der Bittersüß muss wohl schon den alten Griechen bekannt gewesen sein, doch wurde er von ihnen nicht zu Heilzwecken eingesetzt. Die Germanen nutzten ihn allerdings bereits als Betäubungsmittel und bezeichneten ihn als Nachtschaden – analog zu einer Krankheit gleichen Namens, die nach germanischer Vorstellung durch einen nächtlichen Dämon ausgelöst und mit Bittersüß geheilt wurde.

Die mittelalterlichen Kräuterärzte empfahlen Bittersüß gegen Gelbsucht, Verstopfung und Harnleiden. Später wurde er auch zur Therapie von Asthma bronchiale, Wassersucht, Gicht, rheumatischen Erkrankungen, Hautekzemen und Bauchkrämpfen eingesetzt.

Aus heutiger Sicht besticht der Bittersüß aufgrund seiner kortisonähnlichen Inhaltsstoffe, die ihn bei entzündlichen und schmerzhaften Erkrankungen zu einem chancenreichen Heilmittel machen.

Auch die Homöopathie schätzt den Bittersüß. Sie verwendet ihn in Form von Dulcamarapräparaten zur Therapie von fieberhaften Infekten, Durchfall sowie entzündlichen Erkrankungen an Harnleitern, Atemwegen und an der Haut.

Botanische Merkmale

Der Bittersüß ist ein rankender Strauch aus der Familie der Nachtschattengewächse. Die niederhängenden oder kletternden Zweige werden bis zu zwei Meter lang. Er wächst in Europa, Nordafrika und in einigen Teilen Asiens, vorzugsweise an feuchten Grabenrändern und Flussufern. Darüber hinaus bevorzugt er die Nähe von Erlenbäumen. Therapeutisch genutzt werden die Stängel der Pflanze.

Die Wirkungen

Entzündungshemmende Steroide

Bittersüß enthält Steroidalkaloidglykoside, die das Herz kräftigen und außerdem den Appetit der Fresszellen unseres Immunsystems sowie die Schlafqualität verbessern. Hervorzuheben ist das Glykosid Solasodin. Es besitzt kortisonähnliche Wirkungen:

Solasodin wirkt entzündungshemmend, es dichtet Blutgefäße ab und lindert außerdem akute und chronische Schmerzen sowie Schwellungen.

Hier hilft Bittersüß

- Chronische Hautekzeme
- Schuppenflechte
- Rheumatische Schmerzen
- Neurodermitis

Anwendung und Dosierung

Tee

Früher diente das mit Honig und Essig zerstoßene Bittersüß-kraut zur Behandlung der Krätze. In dieser äußerlichen Behandlungsform ist Bittersüß absolut unproblematisch und in jedem Fall eine Alternative zu den herkömmlichen Synthetikpräparaten.

1 Teelöffel der getrockneten Bittersüßstängel mit 1 Tasse Wasser aufkochen, etwa 2 Minuten ziehen lassen und anschließend abseihen. Von diesem Aufguss sollten täglich 1 bis 2 Tassen getrunken werden. Eine Kur mit Bittersüßtee wirkt entzündungshemmend bei rheumatischen Erkrankungen und chronischen Hautekzemen.

Extrakte

Die Bittersüßextrakte sind präziser zu dosieren als der Tee. Achten Sie auf die Angaben des Beipackzettels! Denn letzten Endes handelt es sich bei dem Extrakt um ein kortisonähnliches Medikament, das präzise dosiert werden muss. Monopräparate mit Bittersüß sind Cefabene Tropfen, Cefabene Filmtabletten und Cefabene Salbe. Größte Vorsicht ist natürlich auch bei frischen Beeren geboten, die besonders in unreifem Zustand giftig sind.

Mögliche Nebenwirkungen

Bei Einhalten der Dosis von zwei Tassen Bittersüßtee (entspricht etwa ein bis drei Gramm Bittersüßstängel) pro Tag sind keine Nebenwirkungen zu befürchten. Bei den Extrakten sollten die vorgeschriebenen Dosierungen ebenfalls nicht überschritten werden. Der Grund: Überdosierungen führen zu Übelkeit und Erbrechen sowie bei längerer Anwendung zu einem übermäßigen Wachstum der Nebennieren.

Einkauf

Getrocknete Bittersüßstängel und Bittersüßpräparate sind in Apotheken erhältlich.

Borretsch (Borago officinalis)

Das Öl der Borretschpflanze galt im antiken Rom als Fröhlich-macher. Diese Überzeugung hielt sich bis ins Mittelalter, wo es hieß: »Unter Tags fünf Löffel voll getrunken, reinigt es das Ge-blüt von aller Unsauberkeit. Nimmt auch alle schwarze Phanta-sie und Traum und was sich von böser Melancholie erhebt.«

Botanische Merkmale

Der Borretsch wird bis zu 60 Zentimeter hoch und ist überall mit einem rauen Haarfilz ausgerüstet. Er stammt wahrscheinlich ur-sprünglich aus dem Mittelmeerraum, mittlerweile wächst er aber auch bei uns. Therapeutisch verwendet wird das gesamte oberirdische Kraut (gegen Husten); von weitaus größerer Be-deutung ist aber das Öl aus den Borretschsamen.

Die Wirkungen

Borretschöl gegen prämenstruelle Schmerzen

Das Öl der Borretschsamen enthält große Mengen an Gamma-Linolensäure. Diese Substanz kann rheumatische Entzündungs-prozesse unterdrücken, da sie im Körper in die Prostaglandine E1 und E3 umgewandelt wird, die ihren reiz- und schmerzför-dernden Kollegen Prostaglandin E2 von den Schmerzfühlern verdrängen. Prostaglandin E1 ist außerdem ein Gegenspieler des Hormons Prolactin, das an der Entstehung des prämenstru-ellen Syndroms (PMS) beteiligt ist.

In der Naturheilkunde wird Borretsch noch dafür eingesetzt, die Nebennierenfunktionen nach einer Kortisonbehandlung wiederherzustellen. Dadurch bildet Borretschöl eine wirksame Ergänzung zu den üblichen Heilmethoden bei rheumatischen Erkrankungen, insofern es zumindest einen Teil der Nebenwir-kungen durch Kortisonmedikamente zu puffern vermag.

Borretschöl ist ein überdurchschnittlich ergiebiger Lieferant an Gamma-Linolen-säure. Bei einigen Präparaten macht der Anteil dieser Fettsäure über 24 Prozent aus.

Hier hilft Borretschöl

- Spannungsgefühl in der Brust
- Prämenstruelle Beschwerden
- Stimmungsschwankungen
- Wiederherstellung der Nebennierenfunktionen nach Kortisonbehandlungen

---

Borretsch, volkstümlich auch Herzfreude, Liebäuglein und Wohlgemutsblume genannt, blüht von Mai bis September. Die Samen liefern ein hochwertiges, äußerst heilkräftiges Öl.

Mögliche Nebenwirkungen

Borretschkraut enthält mitunter giftige Alkaloide und sollte daher als Heilmittel nicht mehr eingesetzt werden – vor allem vor dem Hintergrund, dass es zur Behandlung der borretschtypischen Erkrankungen wie Husten und Bronchitis weitaus wirksamere Heilpflanzen wie etwa den Efeu gibt.

Borretschöl ist hingegen absolut unproblematisch in der Anwendung. Auch Nebenwirkungen sind nicht zu befürchten.

Anwendung und Dosierung

Borretschöl kommt am besten in Form von Präparaten zum Einsatz. Beachten Sie dabei die Vorschriften auf der Packungsbeilage. Erhältlich sind u. a. Glandol Borretschöl Kapseln, Dr. Bubeniks Borretschölkapseln, Plenivitol und Quintesal Kapseln.

Nicht nur die Blätter, auch die Wurzeln der Brennnessel besitzen Heilwirkungen. Sie werden vor allem bei der gutartigen Prostatavergrößerung älterer Männer eingesetzt.

Einkauf

Borretschöl und seine Präparate erhalten Sie in Apotheken.

Brennnessel (Urticae herba)

Die Brennnessel ist als Heilpflanze schon seit dem Altertum bekannt. Ob Hippokrates, Hildegard von Bingen oder Hieronymus Bock – sie alle verordneten schon die pieksende Pflanze gegen die unterschiedlichsten Beschwerden.

Heute wird die Pflanze überwiegend bei Erkrankungen der Harnwege und Gallenblase sowie zu Frühjahrskuren eingesetzt, um die Frühjahrsmüdigkeit zu vertreiben, zu entschlacken und das Blut zu reinigen. Neueste Erkenntnisse zeigen jedoch, dass Brennnesselblätter Wirkstoffe enthalten, die gezielt in den menschlichen Schmerzstoffwechsel eingreifen.

Botanische Merkmale

Die Brennnessel wächst bekanntermaßen auch in unseren Breiten. Typisch für sie sind ihre langen Brennhaare an Blättern und Stängeln. Sie benötigt stickstoffhaltigen Boden für ihr Wachstum und gedeiht daher gut auf Ödland und als Unkraut auf Kulturflächen für den Ackerbau.

Die Wirkungen

Heilmittel gegen den Knorpelabbau

Die Brennnessel enthält die Stoffe Sitosterol und Scopoletin sowie zahlreiche Flavonoide. Dieser eigentümliche Wirkstoffkomplex unterdrückt die Bildung von entzündungsfördernden und knorpelabbauenden Zytokinen, wie sie normalerweise typisch ist für rheumatische Erkrankungen. Auf diese Weise schützen Brennnesselblätter den Knorpel, lindern den Schmerz und fördern die Beweglichkeit der erkrankten Gelenke. In einer Studie an 716 Patienten mit Kniegelenkarthrose konnten Brennnesselblattextrakte die Schmerzen in 74 Prozent und die Gelenksteifigkeit in 64 Prozent aller Fälle deutlich lindern.

Guter Partner herkömmlicher Schmerzmittel

Brennnesselanwendungen lassen sich auch gut mit herkömmlichen nicht steroidalen Schmerzmitteln wie ASS und Diclofenac kombinieren. 1997 wurde auf einem Freiburger Symposium mit dem Thema »Rheumatherapie mit Phytopharmaka« eine Studie vorgestellt, bei der 20 gelenkkranke Patienten täglich 200 Milligramm Diclofenac bekamen, während 20 andere Patienten mit 50 Milligramm Diclofenac und 50 Gramm Brennnesselmus täglich behandelt wurden. Die Patienten wurden aufgefordert, ihre Beschwerden in einer Skala aufzulisten und zu bewerten. Außerdem wurde bei ihnen das so genannte C-reaktive Protein gemessen, dessen Wert als Kriterium für die Schmerzintensität gilt. Das Ergebnis der Studie: Bei beiden Patientengruppen zeigten

Früher war es üblich, Rheumapatienten mit frischen Brennnesselzweigen zu schlagen. Die Anwendung klingt hart, ist aber gar nicht so abwegig. Denn durch die Hiebe und das Brennnesselgift kommt es zu einer angenehmen Erwärmung der Haut, außerdem werden auch die Schmerzfühler in der Haut und in den oberen Muskelschichten desensibilisiert.

sich bei den Schmerzproteinwerten sowie den Angaben zu ihrem Schmerzempfinden gleichermaßen eine Verbesserung um 70 Prozent. Dies bedeutet konkret: Wenn Brennnesselblätter mit herkömmlichen Schmerzmitteln kombiniert werden, kann die Dosis und damit auch das Schadensrisiko dieser Schmerzmittel um ein Vielfaches gesenkt werden.

Hier hilft Brennnessel

- Arthritis und Arthrose
- Rheumatische Schmerzen

Lange Zeit wurde die Brennnessel als Medikament gegen rheumatische Erkrankungen von Wissenschaftlern nur belächelt. Mittlerweile weiß man jedoch, dass die Brennnessel nicht nur deshalb hilft, weil sie entwässert, sondern auch dadurch, dass sie gezielt die Bildung schmerz- und entzündungsfördernder Stoffe unterdrückt.

Mögliche Nebenwirkungen

Nebenwirkungen der Brennnessel sind bislang keine bekannt.

Anwendung und Dosierung

Tee

1 Esslöffel des getrockneten Krauts mit 1 Tasse kochendem Wasser überbrühen, 10 Minuten lang zugedeckt ziehen lassen und anschließend abseihen. Von diesem Tee sollten 3 bis 4 Tassen täglich getrunken werden.

Tinktur

20 Gramm getrocknetes Kraut 10 Tage lang in 100 Milliliter 60-prozentigem Alkohol ziehen lassen, abfiltern und anschließend in eine Tropfenzählflasche füllen. Die Brennnesseltinktur eignet sich als Zugabe (jeweils 20 bis 30 Tropfen) in Wasser, Tee oder Säften. Sie wirkt dann ähnlich wie der Teeaufguss. Direkt in die Kopfhaut einmassiert, hilft sie bei Schuppen und sprödem, glanzlosem Haar.

Extrakte und Säfte

Brennnesselblätter werden mittlerweile in vielfältiger Form als Extrakt angeboten. Sie sind leichter zu dosieren als der Tee. Achten Sie dabei auf die Vorschriften der Packungsbeilage! Einige Hersteller bieten den Saft aus frischen Brennnesseln an, der nicht nur antirheumatisch wirkt, sondern auch zur wertvollen Vitamin-C-Versorgung beiträgt. Als Brennnesselsäfte sind auf dem Markt: florabio naturreiner Heilpflanzensaft Brennnessel und Kneipp Brennnessel Pflanzensaft Kneippianum. Als Blätterextrakte sind Brennnesseldragees Alsitan, IDS 23 Rheuma-Hek und Rheumaless Kapseln erhältlich.

Einkauf

Getrocknete Brennnesselblätter gibt es in Apotheken sowie in einigen Teegeschäften und Kräuterläden. Brennnesselblattextrakte erhalten Sie in Apotheken, Brennnesselsaft außerdem in Reformhäusern und Drogerien.

Der Verzehr von Hanfsamen unterstützt den Körper bei der Produktion von Gamma-Globulin. Dieser Stoff bildet einen wichtigen Baustein des Immunsystems.

Hanf (Cannabis sativa)

Hanf gehört zu den ältesten Kulturpflanzen überhaupt. Die ersten Spuren seiner Kultivierung stammen aus China und reichen bis ca. 2800 v. Chr. zurück. Erst viele Jahrhunderte später wurde sein medizinischer Wert erkannt. Die chinesischen Ärzte verwendeten Hanfsamen gegen Menstruationsbeschwerden, Verstopfung, Erbrechen, Vergiftungen und Hauterkrankungen, bei den alten Griechen wurde er ebenfalls bei vielen Krankheiten eingesetzt.

Hildegard von Bingen (1098 – 1179) erwähnte Hanfsamen als schmerzlinderndes Mittel; auch spätere mittelalterliche Kräuterbücher schätzen Hanf bei Beschwerden und Erkrankungen wie Blähbauch, Wassersucht und Schmerzen sowie äußerlich als Pflaster bei Geschwüren und Karbunkeln.

Später gerieten die therapeutischen Wirkungen des Hanfs lange in Vergessenheit, nicht zuletzt deshalb, weil man von einer Pflanze, die zur Herstellung von angeblich süchtig machendem Hasch herangezogen wurde, nichts Gutes erwartete. Heute wird Cannabis jedoch langsam wieder als wertvolle Heil- und Kulturpflanze entdeckt.

Botanische Merkmale

Der Hanf gehört zu den Maulbeergewächsen und wächst überwiegend in Vorderasien, Südostrussland und Indien. Er wird mittlerweile aber auch in anderen Gegenden angebaut. Verwendet werden die getrockneten weiblichen Blütenstände und jungen Blätter (Marihuana), das gepresste Harz der weiblichen Pflanze (Haschisch) sowie die Hanfsamen und das aus ihnen gewonnene Öl.

Die Wirkungen

Cannabinoide (Tetrahydrocannabinol)

Die Cannabinoide bilden die Hauptwirkstoffe von Haschisch und Marihuana. Sie sind ausgesprochen starke Schmerzhemmer. Ihre Wirkung bei Krebsschmerzen ist vielfach belegt; darüber hinaus dämpfen sie die Nebenwirkungen der Chemotherapie bei Krebserkrankungen.

Die Cannabinoide können allerdings auch zu mehr oder weniger ausgeprägten Rauschzuständen führen; ob sie allerdings auch süchtig machen oder zumindest den Einstieg zu harten Drogen darstellen, wird von immer mehr Wissenschaftlern bestritten. Nichtsdestoweniger unterliegt die gesamte Hanfpflanze, mit Ausnahme ihrer Samen, hierzulande dem Betäubungsmittelgesetz; der Besitz und die Weitergabe von lebenden oder getrockneten Pflanzen oder daraus gewonnenen Produkten (mit Ausnahme der Fasern) sind strafbar.

Hanfsamen enthalten im Unterschied zu den Hanfblättern kein Tetrahydrocannabinol, das für den Rauschzustand beim Haschischrauchen verantwortlich ist.

Erlaubter Schmerzhemmer – Hanfsamenöl

Das Öl der Hanfsamen enthält große Mengen an essenziellen Fettsäuren, unter ihnen vor allem Linolsäure sowie Alpha- und Gamma-Linolensäure, die unser Immunsystem stärken. Gamma-Linolensäure kann außerdem rheumatische Entzündungsprozesse unterdrücken, da sie im Körper in die Prostaglandine E1 und E3 umgewandelt wird, die ihren reiz- und schmerzfördernden Kollegen Prostaglandin E2 von den Schmerzfühlern verdrängen. In einer Studie konnten die Gelenkbeschwerden von Rheumapatienten deutlich gelindert werden, indem man ihnen 24 Wochen lang täglich 1,4 Gramm Gamma-Linolensäure – entsprechend 40 Gramm Hanföl – verabreichte. Nebenwirkungen blieben im Unterschied zu den üblichen Rheumamedikamenten völlig aus; sowohl die Nieren als auch die Leber blieben unbelastet, und auch Magen-Darm-Unverträglichkeiten stellten sich keine ein.

Hier hilft Hanfsamenöl

- Abwehrschwäche
- Schmerzen bei rheumatischen Erkrankungen
- PMS-Symptome
- Schmerzen bei Krebserkrankungen

Mögliche Nebenwirkungen

Nebenwirkungen des Hanfsamenöls sind bislang nicht bekannt.

Anwendung und Dosierung

Auf die Anwendung von Haschisch und Marihuana soll hier nicht weiter eingegangen werden, da sie hierzulande per Gesetz verboten sind.

Hanfsamen und Hanföl können in verschiedener Weise zubereitet und genutzt werden:

- Hanfsamen, roh oder geröstet
- Hanfsamen, gemahlen, geschrotet oder geschält
- Hanföl, aus Hanfsamen gepresst
- Hanfmehl aus dem Presskuchen, der bei der Ölherstellung übrig bleibt

Grundsätzlich gilt, dass Produkte, bei denen die Schale des Hanfsamens zerstört wird, nur begrenzt haltbar sind und daher so rasch wie möglich verbraucht werden müssen.

Einkauf

Hanfsamenöl und Hanfsamen erhalten Sie in Hanfläden, Reformhäusern und Naturkostläden.

Näheres zum Wissensstand über Cannabis und seine therapeutischen Einsatzmöglichkeiten erfährt man bei der Arbeitsgemeinschaft Cannabis als Medizin, Maybachstraße 14, 50670 Köln, www.hanfnet.org/SeCaM und beim Hanf e. V., Mühlendamm 5, 10178 Berlin, Tel. 0 30/2 42 48 27; www.hanflobby.de.

Mutterkraut (Tanacetum parthenium)

In der Volksmedizin galt Mutterkraut lange Zeit als wirksames Mittel gegen Migräne, Schwindelgefühl, Ohrensausen und arthritische Beschwerden. Durch die synthetischen Medikamente wurde es dann in den Hintergrund gedrängt. Zu Unrecht – denn wissenschaftliche Untersuchungen bestätigen zum Teil die Anwendungsgebiete der Volksmedizin. Englische und Schweizer Ärzte verwenden daher bereits Mutterkrautpräparate gegen Migräne, in Deutschland wird das wertvolle Heilkraut bislang leider nur in der Homöopathie eingesetzt.

Botanische Merkmale

Das Mutterkraut, auch Fieberkraut oder Mutterkamille genannt, stammt aus dem östlichen Mittelmeergebiet und Kleinasien. Es wird nur 30 bis 80 Zentimeter hoch, besticht aber durch seinen außergewöhnlich kräftigen Wurzelstock. Zu Heilzwecken werden die Blätter herangezogen.

Die Wirkungen

Verbesserter Blutfluss

Mutterkraut und seine ätherischen Öle, unter ihnen vor allem das Parthenolid, hemmen die Zusammenballung von Blutplättchen und verhindern dadurch Verschlüsse in den Blutgefäßen. Darüber hinaus blockieren sie die Produktion von Histaminen und Prostaglandinen, die zu den Entzündungsauslösern gehören und die Reizschwelle der Schmerzfühler herabsenken. Mutterkraut wird dadurch zu einem wirkungsvollen Heilmittel bei Migräne. In einer Studie konnte durch Einnahme von Mutterkrautextrakt die Anzahl der Migräneanfälle um 24 Prozent gesenkt werden. Das Medikament musste allerdings über einen Zeitraum von vier Monaten eingenommen werden.

In einigen Fachbüchern wird das Mutterkraut auch unter dem Namen »Chrysanthemum parthenium« geführt. Es gehört also zu derselben Familie wie der Rainfarn Chrysanthemum vulgare.

Hier hilft Mutterkraut

● Durchblutungsstörungen   ● Migräne

Mögliche Nebenwirkungen

Bei längerer Anwendung von Mutterkrautextrakt kann es in seltenen Fällen zu Aphthen (Mundgeschwüren) kommen, bei Hautkontakt kommt es oft zu einer Hautentzündung. Achten Sie daher auf die saubere Einnahme des Extrakts, im Fall von Aphthenbildung setzen Sie es sofort ab! Schwangeren wird aufgrund fehlender Datenlage grundsätzlich davon abgeraten, Mutterkraut einzunehmen.

Anwendung und Dosierung

In Deutschland gibt es leider keine Mutterkrautextrakte zu kaufen. Ihre Einführung wird auch noch einige Zeit auf sich warten lassen, obwohl die Deutsche Bundesstiftung Umwelt bereits 1997 immerhin 880 000 DM für Studien zur Entwicklung eines Extrakts zur Verfügung stellte – doch Zulassungsverfahren für Arzneimittel dauern in Deutschland eben länger als anderswo. Bislang existiert hierzulande nur ein homöopathisches Mittel namens Nemagran, das die nach homöopathischen Heilvorstellungen gewonnene Mutterkrauturtinktur enthält (Dosierung: 1-mal täglich 40 Tropfen, am besten vormittags). Als Alternative bleiben noch Schweizer Apotheken, in denen Mutterkrautextrakt schon seit längerer Zeit angeboten wird. Ein Teeaufguss der Pflanze erzielt in der Regel keine sonderliche Wirkung, weil die Hauptwirkstoffe bei dieser Zubereitung weitgehend verdampfen.

Einkauf

In Deutschland ist Nemagran erhältlich (homöopathisches Präparat), in der Schweiz Partenelle Kapseln (Extrakt).

Pestwurz (Petasites hybridus)

Im antiken Griechenland wurde Pestwurz zur äußerlichen Behandlung von Geschwüren eingesetzt. Im Mittelalter feierte man die Heilpflanze als Mittel gegen die Pest, was ihr schließlich auch ihren ungewöhnlichen Namen einbrachte. Darauf würde man sich heute sicherlich nicht mehr verlassen wollen, doch dafür gilt die Pestwurz mittlerweile als wirksames Mittel bei Migräneanfällen, Schmerzen bei Angina pectoris, Bronchialasthma und Unterleibskrämpfen während der Monatsregel.

Botanische Merkmale

Die Pestwurz wird bis zu einem Meter hoch und gehört zur Familie der Korbblütler. Sie wächst in ganz Europa sowie in Nord- und Westasien. Therapeutisch verwendet werden in erster Linie die Wurzeln.

Ebenso wie das Mutterkraut gehört auch Pestwurz zu den wirksamen Arzneipflanzen gegen Migräne. Eine Wirkung tritt jedoch erst nach einigen Monaten ein, für die Behandlung spontaner Kopfschmerzen ist die Pflanze ungeeignet.

Die Gemeine Pestwurz, auch Rote Pestwurz genannt, hilft ebenfalls bei Verspannungen im Nacken- und Rückenbereich.

Die Wirkungen

Krampflösend

Pharmakologische Untersuchungen konnten zeigen, dass Pestwurz und ihr Hauptwirkstoff Petasin krampflösende Eigenschaften besitzen. Die Pflanze hilft dadurch bei schmerzhaften Menstruationskrämpfen und Brustschmerzen infolge von Angina pectoris.

In einer Studie des Städtischen Krankenhauses München-Harlaching wurde außerdem die Pestwurzwirkung bei Migräne belegt. Für die Erhebung wurden 60 Patienten herangezogen, die seit mindestens einem Jahr an den berüchtigten Kopfschmerzen litten. 33 der Migränepatienten erhielten einen Pestwurzextrakt, die übrigen bekamen ein Plazebo (Scheinmedikament). Nach drei Monaten zeigten sich bei der Pestwurzgruppe deutliche Besserungen: Die Anzahl der Attacken fiel von 3,3 auf 1,7 pro Monat, in der Plazebogruppe reduzierte sich die Zahl lediglich auf 2,6. Von den mit Pestwurz behandelten Patienten gaben 77 Prozent an, von der Behandlung profitiert zu haben. Von Nebenwirkungen wurde nicht berichtet.

Durch ihre krampflösenden Eigenschaften besitzt die Pestwurzpflanze ein ausgesprochen breites Wirkungsspektrum, das von Migräne über Angina pectoris bis zu Menstruationsbeschwerden reicht.

Mögliche Nebenwirkungen

Pestwurz enthält giftige Pyrrolizidinalkaloide und sollte daher nicht als Teeaufguss verarbeitet werden. Bei der Therapie setzt man besser auf Präparate, deren Extrakt in einem Spezialverfahren mit flüssigem Kohlendioxid gewonnen wurde. Durch dieses Verfahren werden die giftigen Stoffe ausgespült. Pestwurzextrakte scheinen nach den bisherigen Erfahrungen ausgesprochen arm an Nebenwirkungen zu sein; nur in Einzelfällen kommt es zu Verstopfung.

Anwendung und Dosierung

Die Anwendung erfolgt über Präparate aus der Apotheke. Dosierung: 3-mal täglich 1 Kapsel.

Hier hilft Pestwurz

- Asthma bronchiale
- Menstruationskrämpfe
- Migräne

- Nackenschmerzen
- Rückenschmerzen
- Herzanfälle

Einkauf

In Deutschland gibt es bislang nur zwei Präparate mit Pestwurz: Petadolex und Petaforce V.

Teufelskralle (Harpagophytum procumbens)

Die Wurzeln der Teufelskralle werden in ihrer Heimat Südafrika schon länger zur Behandlung von Bluterkrankungen, Fieber und Schmerzen eingesetzt. In der hiesigen Volksmedizin haben sie sich bei Stoffwechselerkrankungen, Arthritis sowie bei Leber-, Gallenblasen-, Nieren- und Blasenleiden bewährt. Einige Naturärzte empfehlen Teufelskralle ebenfalls bei Allergien. Jüngere Studien belegen ihre Wirksamkeit auch bei Schmerzen, die im Zug rheumatischer Erkrankungen auftreten.

Die Teufelskralle besitzt besonders bei Erkrankungen aus dem rheumatischen Formenkreis große Therapiechancen. Dies ist mittlerweile wissenschaftlich gut dokumentiert.

Botanische Merkmale

Die Teufelskralle gehört zur Familie der Sesamgewächse. Sie wächst im südlichen sowie im südwestlichen Afrika. Für die Weidetiere der dortigen Steppen ist sie ein echtes Ärgernis, denn ihre Früchte sind mit Widerhaken ausgerüstet, die sich im Fell oder in den Klauen der Tiere verhaken. Der Sinn dieser botanischen Besonderheit liegt auf der Hand: Die Tiere sollen die Funktion eines Transporters übernehmen, der die Pflanze in der Gegend verteilt.

Die Wirkungen

Gezielter Eingriff in den Schmerzstoffwechsel

Die Wurzeln der Teufelskralle enthalten den Wirkstoff Harpagosid, der gezielt in den Arachidonsäurestoffwechsel eingreift und die Produktion von schmerz- und entzündungsfördernden Substanzen blockiert. Ein weiterer Vorteil von Harpagosid: Der Biostoff wird von unserem Körper überdurchschnittlich gut aufgenommen.

Untersuchungen an der Universitätsklinik Frankfurt/Main ergaben, dass mit Hilfe der Teufelskralle Rückenschmerzen teilweise effektiver bekämpft werden konnten als mit herkömmlichen Rheumamitteln, die Nebenwirkungen waren in jedem Fall geringer. Auch die Kosten betrugen gerade mal ein Drittel der herkömmlichen Therapie.

In einer bundesweiten Anwendungsbeobachtung wurden Wirkung und Verträglichkeit eines Teufelskrallenextrakts bei 2053 Patienten mit chronischen Rückenschmerzen geprüft. Nach sechswöchiger Behandlung zeigten sich bei 80 Prozent gute bis sehr gute Heilerfolge. Kein einziger Patient musste die Therapie wegen Nebenwirkungen abbrechen.

Hier hilft Teufelskralle

- Arthritis
- Arthrose
- Entzündliche Erkrankungen des Bewegungsapparats
- Gicht
- Hexenschuss
- Ischiasbeschwerden
- Muskelverspannungen
- Nackenschmerzen
- Rückenschmerzen
- Schulterschmerzen
- Weichteilrheumatismus
- Appetitlosigkeit
- Verstopfung
- Völlegefühl
- Druckgefühl in der Magengegend
- Wassereinlagerungen

Eine große Stärke der Teufelskralle besteht darin, verspannte oder versteifte Muskeln zu lockern. Sie besitzt dadurch gute Chancen bei typischen Büroleiden wie Rücken-, Nacken- und Schulterschmerzen.

Mögliche Nebenwirkungen

Die Bitterstoffe der Teufelskralle führen zu einer Steigerung der Magensaftproduktion, die für Patienten mit Magen- oder Zwölffingerdarmgeschwüren problematisch sein kann. Insgesamt gilt die Teufelskralle jedoch als Heilpflanze mit ausgesprochen geringem Risiko. Teufelskrallentee wirkt allerdings in starkem Maß harntreibend – ein Effekt, der in der Regel erwünscht ist, vor allem bei Patienten mit Gicht und Wassersucht.

Anwendung und Dosierung

Abkochung

1 Teelöffel der Wurzeln in 1 Tasse Wasser geben, aufkochen und 10 bis 15 Minuten bei geringer Hitze kochen lassen, anschließend abseihen. Die Abkochung sollte mindestens über einen Zeitraum von 4 Wochen eingenommen werden. Die Dosierung beträgt 3 Tassen täglich. Den bitteren Geschmack kann man mit etwas Agavendicksaft (aus dem Reformhaus) oder mit Honig mildern.

Aufguss

4,5 Gramm Wurzeln mit 300 Milliliter kochendem Wasser übergießen und 8 Stunden bei Raumtemperatur (am besten über Nacht) stehen lassen, anschließend abseihen. Dosierung: 3 Tassen täglich, mindestens 4 Wochen lang.

Extrakte

Mittlerweile ist die Teufelskralle auch als Extrakt in der Apotheke erhältlich. Die als wirksam ausgetestete Dosis liegt bei etwa 2400 Milligramm Trockenextrakt (Verdünnungsverhältnis 2,5:1) pro Tag. Leider variieren die Verdünnungsverhältnisse von Hersteller zu Hersteller recht stark. Achten Sie daher auf die Beipackzettel.

Präparate: Arthrosetten H Kapseln, Dolo-Arthrodynat, Doloteffin, Kai Fu, Harpagoforte ASmedic, Herbadon, Jucurba und Teufelskralle Kapseln R.

Einkauf

Getrocknete Wurzeln der Teufelskralle sind in Naturkostläden, Reformhäusern und in Apotheken erhältlich. Die Extrakte bekommt man dagegen nur in Apotheken.

Abkochungen und Aufgüsse der Teufelskrallenwurzeln schmecken streng und bitter. Wer den Geschmack nicht mag, kann mittlerweile auf eine stattliche Anzahl von Extrakten zurückgreifen.

Weidenrinde (Salicis cortex)

Die antiken Griechen setzten die Weidenrinde zur Empfängnisverhütung ein, allerdings nur mit sehr bescheidenem Erfolg. Paracelsus verwendete sie zu Schwitzkuren und äußerlich als Mittel gegen Warzen und Hühneraugen.

Die Volksmedizin schließlich schätzt die Rinde der Silberweide als Heilmittel gegen Fieber und rheumatische Erkrankungen – und diese Indikationen können von Wissenschaftlern weitgehend bestätigt werden.

Botanische Merkmale

Die Weidenrinde wird aus mehreren Weidenarten gewonnen, unter ihnen die Knackweide (Salix fragilis), die Korbweide (Salix viminalis) und die weithin bekannte Silberweide (Salix alba). Weiden lieben es feucht, sie bevorzugen deshalb Flussufer, feuchte Wiesen oder Wassergräben; man findet sie in Europa, Asien und zum Teil auch in den USA.

Die Weidenrinde gewinnt man von zwei- bis dreijährigen Zweigen verschiedener Salixarten.

Die Wirkungen

Ein Verwandter von ASS

Die Weidenrinde enthält Salizin, das im Körper zu Salizylsäure umgewandelt wird, einem Verwandten des Schmerzmittels Azetylsalizylsäure (ASS, auch als Aspirin bekannt). Die schmerzhemmende Wirkung der Weidenrinde ist durch zahlreiche wissenschaftliche Studien belegt.

Demzufolge ist ihr Einsatzspektrum bei Schmerzen sogar breiter angelegt als das von ASS, was allerdings weniger durch ihren Salizin- als vielmehr durch ihren Flavonoidgehalt begründet ist. Darüber hinaus zeigt die Weidenrinde erheblich weniger Nebenwirkungen: So verdünnt sie nicht das Blut, auch ist sie für den Magen-Darm-Trakt ausgesprochen gut verträglich. Aufgrund ihrer antioxidativen Eigenschaften wirkt sie sogar vorbeugend im Hinblick auf Magen- und Darmkrebserkrankungen.

Weidenrinde wirkt ähnlich wie das bekannte Schmerzmittel ASS. Der entscheidende Unterschied besteht jedoch darin, dass sie in unserem Körper zu einem wesentlich geringeren Anstieg an Salizylsäure führt und damit deutlich risikoärmer ist.

Die Begleitstoffe sind wichtig

Die Weidenrinde ist ein gelungenes Beispiel dafür, warum pflanzliche Heilmittel anderen, synthetischen Medikamenten oft so überlegen sind.

Es ist allgemein bekannt, dass die schmerzlindernde Wirkung der Weide hauptsächlich durch ihren Wirkstoff Salizin hervorgerufen wird, der im Körper zu Salizylsäure umgewandelt wird. Raubt man der Weidenrinde künstlich ihr Salizin, verliert sie auch ihre Wirkung als Schmerzmittel. Interessanterweise steigt jedoch der Salizylsäurespiegel im Blutserum durch eine Standarddosis Weidenrinde (mit 240 Milligramm Salizin pro Tag) gerade einmal auf 1,4 Milligramm pro Liter, während er bei 500 Milligramm Azetylsalizylsäure, wie wir es von Aspirin und anderen Schmerzmitteln kennen, auf 35 bis 50 Milligramm ansteigt. Die schmerzhemmende Wirkung beider Medikamente ist jedoch, wie klinische Studien ergaben, ähnlich.

Fazit: Weidenrinde erzielt ähnliche Wirkungen wie Aspirin, ohne dabei auch nur annähernd auf ähnliche Mengen an Salizylsäure (die ja zahlreiche Nebenwirkungen hat) im Blut angewiesen zu sein – ein deutlicher Hinweis darauf, dass der Salizineffekt in der Weidenrinde durch andere Substanzen verstärkt wird. Des Weiteren ist dies ein deutlicher Beleg dafür, dass eben stets die ganze Pflanze wirkt und nicht nur einer ihrer Inhaltsstoffe – und dass gerade darin die besondere Stärke der Pflanzenheilkunde liegt.

Hier hilft Weidenrinde

- Arthritis
- Fieber
- Gelenkschmerzen, vor allem im Hüftbereich
- Kopfschmerzen
- Beschwerden bei rheumatischen Erkrankungen
- Rückenschmerzen

Mögliche Nebenwirkungen

Der Weidenwirkstoff Salizin hemmt im Unterschied zu seinem synthetischen Verwandten ASS nicht die Blutgerinnung und kann daher auch bei offenen Wunden eingesetzt werden. Nur wenn eine individuelle Überempfindlichkeit gegenüber Salizylaten besteht, können auch geringe Dosierungen der Weidenrinde zu allergischen Reaktionen führen. Vorsicht ist also – wie bei allen wirksamen Mitteln – in jedem Fall geboten.

Anwendung und Dosierung

Tee

2 Teelöffel getrocknete Weidenrinde (nicht selbst sammeln, sondern in der Apotheke besorgen!) mit 1 Tasse Wasser kalt ansetzen, zum Sieden bringen und nach 5 Minuten abseihen. Empfohlen sind 3 bis 5 Tassen täglich.

Weidenrinde wurde lange Zeit als Fieberrinde bezeichnet. Die veraschte Rinde wurde aber auch gegen Warzen und Hühneraugen eingesetzt.

Pulver und Extrakte

Mittlerweile gibt es im Handel auch Monopräparate mit pulverisierter Weidenrinde (Tamanybonsan Dragees) oder Weidenrindenextrakt (Rheumakaps Steigerwald, Rheumatab Salicis, Salix Bürger Lösung). Die empfohlene Dosis liegt bei 120 Milligramm Salizin (der Salizingehalt des Präparats steht auf der Packungsbeilage) pro Tag, sie kann aber auch für einen kürzeren Zeitraum bis auf das Doppelte gesteigert werden.

Einkauf

Weihrauchharz wird in Indien bereits seit 3000 Jahren zur Behandlung von rheumatischen Beschwerden eingesetzt – und das mit großem Erfolg.

Weidenrindenpräparate sind in der Apotheke erhältlich.

Weihrauchharz (Olibanum)

Ayurvedische Ärzte verwenden das Harz des Weihrauchs bis heute zur Behandlung von Arthritis, Gicht, Wunden, Magengeschwüren und Krebserkrankungen. Aufgrund seines beruhigenden Effekts wird es dort auch bei Nervenerkrankungen eingesetzt. In Arabien und im Osmanischen Reich wurden ihm aber auch halluzinogene Wirkungen zugeschrieben.

Botanische Merkmale

Weihrauchharz wird aus unterschiedlichen Arten der Weihrauchpflanze (Boswellia) gewonnen, und zwar durch Einkerben der Baumrinde und durch Sammeln des austretenden Safts. Der Weihrauch wächst in Somalia, Indien und Arabien.

Die Wirkungen

Hemmung übereifriger Schmerzstoffe

Die im Weihrauchharz enthaltenen Boswellinsäuren greifen in den Arachidonsäurestoffwechsel des Menschen ein. Bei diesem Stoffwechsel entstehen u.a. überaktive Leukotriene, die rheumatische Entzündungsprozesse in Gang setzen und die Reizschwelle der Schmerzfühler nach unten schrauben. Und genau die Ausbildung dieser Leukotriene wird durch Weihrauchharz blockiert.

Im Klinikverbund »Münchner Modell« verabreichte man 39 Rheumapatienten neben ihrer Basismedikation an Schmerzmitteln einen Weihrauchextrakt und verglich ihre Symptomenveränderungen mit denen einer Patientengruppe, die lediglich ein Plazebo (Scheinmedikament) erhielt. Das Ergebnis: Die Weihrauchpatienten zeigten markante Verbesserungen, Gelenkbeschwerden und Schmerzen gingen deutlich zurück.

Die Boswellinsäuren des Weihrauchs helfen auch bei Krebserkrankungen. Im Rahmen eines Versuchs konnten an der Universität Bochum bei 25 Gehirntumorpatienten der Stoffwechsel im Tumor gewissermaßen ausgehungert und damit sein Wachstum gestoppt werden. In etwa der Hälfte der Fälle konnte bereits nach der zunächst auf sieben Tage beschränkten Behandlung eine deutliche Rückbildung der Krebsgeschwulst beobachtet werden.

Effektive Stimmungsaufheller

Olibanum enthält ein komplexes Gemisch aus ätherischen Ölen, die – wenn sie eingeatmet werden – berauschend, euphorisierend und stimmungsaufhellend wirken.

Mögliche Nebenwirkungen

Nebenwirkungen sind bislang keine bekannt. Nach der Räucheranwendung sollte man allerdings nicht Auto fahren.

Anwendung und Dosierung

Räucherware

Zum Räuchern von Olibanum benötigen Sie eine feuerfeste Räucherschale und etwas Feuersand (auch Vogelsand) zum Füllen. In die Mitte der Schale wird eine entzündete Holzkohletablette (2 bis 4 Zentimeter Durchmesser) gelegt. Auf diese Tablette werden ein paar Gramm des Harzes geträufelt.

Einkauf

Präparate erhalten Sie aus der Schweiz (H 15) und aus Indien (Sallaki). Olibanum zum Räuchern gibt es in ethnobotanischen Fachgeschäften (Adressen Seite 164 unter Bezugsquellen).

Phytotherapeutische Weihrauchpräparate gibt es in Deutschland bislang nicht. In Apotheken erhält man jedoch homöopathische Produkte mit stark verdünnten Weihrauchanteilen, die durch einen Minimalreiz die Selbstheilungskräfte des Körpers mobilisieren sollen.

Hier hilft Weihrauchharz

- Schmerzen bei Krebserkrankungen
- Rheumatische Schmerzen

Akute und chronische Angstzustände

Angst- und Panikattacken gehören mittlerweile zum oft gesehenen Krankheitsbild in jeder Arztpraxis. Dabei hat die Angst ihre ursprüngliche Funktion als schützende Körperreaktion verloren und sich zur ernst zu nehmenden seelischen Störung entwickelt. Phobien, Zwangsneurosen und generalisierte Ängste greifen immer mehr um sich und belasten den Körper ebenso sehr wie die Psyche. Da es den Betroffenen oft peinlich ist, darüber zu sprechen, setzt die Behandlung meist an der falschen Stelle an und bekämpft lediglich die Symptome. Es gibt jedoch eine Reihe von Pflanzen wie etwa Kava-Kava oder Passionsblume, die mit ihren psychoaktiven Wirkstoffen an der Wurzel des Problems wirken und mit denen bereits erstaunlich gute Heilerfolge erzielt wurden.

Angst- und Panikattacken erfolgreich überwinden

Verschiedene Formen der Angst

Körperliche Symptome

- Beschleunigter Puls bis hin zum Herzjagen
- Erhöhte Atemfrequenz
- Feuchte Hände, kalte Füße, mitunter auch – meist kalte – Schweißausbrüche
- Mundtrockenheit
- Kloß im Hals
- Verdauungsstörungen
- Erhöhte Muskelspannung, mitunter auch Muskelzittern
- Gesichtsblässe
- In schweren Fällen von Angstzuständen Erbrechen und weit geöffnete Pupillen

Psychische Symptome

- »Wahrnehmungstunnel«, die Sinneswahrnehmung ist stark eingeschränkt
- Konzentrationsschwäche
- Fahrigkeit und hektische Bewegungen
- Eingeschränkte Ansprechbarkeit
- In schweren Fällen von Angst- und Panikattacken geistige Verwirrung, schockartige Passivität

Es ist schwer zu sagen, ob Ängste heute häufiger auftreten als früher. Tatsache ist jedoch, dass Hausärzte es mittlerweile täglich mit mindestens einem Angstpatienten zu tun haben. Meist versucht der Patient, seine Angst mit körperlichen Symptomen zu maskieren.

Phobien

Bei Phobien handelt es sich um schubweise auftretende Angststörungen, die auf konkrete Objekte und Situationen bezogen sind. Die einzelnen Angstattacken dauern durchschnittlich 30 Minuten, können aber auch deutlich kürzer sein. Die häufigsten Phobien sind:

- Angst, sich auf öffentlichen Straßen und Plätzen aufzuhalten bzw. die Wohnung zu verlassen (Agoraphobie)
- Angst vor einer Herzerkrankung (Herzphobie)
- Angst vor sozialen Kontakten (soziale Phobien)
- Angst vor Tieren (besonders vor Katzen und Spinnen)

- Angst vor dem Eingeschlossensein (Klaustrophobie)
- Höhenangst
- Prüfungsangst

Generalisierte Ängste

Im Unterschied zu Phobien kann bei generalisierten Ängsten nicht unbedingt ein konkretes Objekt, ein Angstauslöser, ausgemacht werden. Generalisierte Ängste dauern zudem länger an, oft über Monate oder Jahre hinweg. Der Patient ist grüblerisch und macht sich ständig Sorgen, meistens über familiäre, berufliche oder finanzielle Angelegenheiten.

Generalisierte Ängste sind ein therapeutisches Problem. Die Psychoanalyse verzeichnet hier mitunter bemerkenswerte Erfolge. Die Behandlung ist jedoch äußerst langwierig, manchmal dauert sie bis zu zwei Jahren. Milde Heilpflanzen wie Kava-Kava, Johanniskraut und Passionsblume helfen, die Angstempfindungen besser unter Kontrolle zu bekommen, auch werden die körperlichen Symptome deutlich gemildert.

Für Menschen, die an generalisierten Ängsten leiden, gibt es keinen Zufluchtsort, an dem sie sich sicher fühlen. Die Angst ist für sie zum ständigen Begleiter geworden.

Zwangssyndrome

Zu Zwangssyndromen gehört z. B. der sehr häufig zu findende Waschzwang. Der Betreffende hat das unwiderstehliche Verlangen, sich ständig zu reinigen – wobei er selbst sein Zwangsverhalten als ichfremd und nicht als lustvoll erlebt.

Zwangssyndrome können von Verhaltenstherapeuten recht gut behandelt werden, eine medikamentöse Therapie ist in der Regel überflüssig.

Die Angstursachen

- *Genetische Veranlagung:* Panik- und Angststörungen sind umso wahrscheinlicher, wenn bereits Fälle in der eigenen Familie aufgetreten sind.
- *Erlernte Verhaltensmuster:* Ängstliche Menschen haben meistens in ihrer Kindheit gelernt, auf alle Veränderungen skeptisch und mit Sorge zu reagieren.
- *Stress:* Berufliche Belastungen, Trennungen vom Partner, Scheidungen, Tod von Angehörigen oder Freunden fördern den Ausbruch von Ängsten.
- *Gestörte Gehirnphysiologie:* Angst steht im Zusammenhang mit Störungen im Neurotransmitterhaushalt des Gehirns. Ängstliche Menschen scheinen vor allem zu wenig von dem »Gute-Lau-

ne-Hormon« Serotonin an den Neuronenübergängen zu besitzen. Vor allem durch Johanniskraut und 5-HTP kann dieser Mangel behoben werden.

Chancenreiche Heilpflanzen

Besonders chancenreich sind Kava-Kava und Johanniskraut sowie eine Kombination aus Baldrian und Johanniskraut. Weitere Heilpflanzen bei Angststörungen sind Lerchensporn, Passionsblume, Katzenminze und kalifornischer Goldmohn; bei Herzängsten kann auch Melisse helfen.

Kava-Kava (Piper methysticum)

Die Heimat der Kava-Kava-Wurzeln sind die Südseeinseln. Die dortigen Einwohner pflegen noch heute die traditionelle Zubereitung von Kava-Kava: Die Wurzeln werden zerkleinert und anschließend zerkaut oder mit kaltem Wasser vermischt, um dann im geselligen Beisammensein getrunken zu werden. Der erdige Geschmack der Wurzeln ist allerdings nicht unbedingt etwas für den europäischen Gaumen.

Der erste Europäer, der über Kava-Kava und seine Heilwirkungen berichtete, war ein junger Forschungsreisender namens Georg Forster, der den berühmten Schiffskapitän James Cook auf seinen Reisen durch den Pazifik begleitete. Die erste wissenschaftliche Veröffentlichung geht jedoch auf das Jahr 1874 zurück. Hier wurde auch erstmals von den positiven Wirkungen der Kava-Kava-Wurzeln auf die menschliche Psyche berichtet.

Botanische Merkmale

Kava-Kava-Wurzeln stammen vom Rauschpfeffer Piper methysticum. Das Besonders an diesem Strauch: In dem Maß, in dem der Hauptstamm wächst, sterben die unteren Seitenzweige ab und hinterlassen an den Stängelknoten hervorstehende Narben. Die voll ausgewachsene Pflanze sieht dadurch aus wie ein Riesenbouquet.

Im oberen Teil ist sie buschig und dicht beblättert, an der Basis hingegen ein ramponiertes Bündel von verholzten und vernarbten Stängeln. Außergewöhnlich sind auch die Wurzeln: Sie sind übermäßig groß und saftig – und sie sind es auch, die zu therapeutischen Zwecken genutzt werden.

Der Legende nach soll der Rauschpfeffer von den Göttern gesandt worden sein. Noch heute wird die Wurzel zu geselligen und rituellen Gelegenheiten verzehrt, um dadurch Friedfertigkeit und Freundschaft zu bekunden – ein Motiv, das durchaus zu den chemischen Wirkungen von Kava-Kava passt.

Der laubreiche Kava-Kava-Strauch mit seiner mächtigen Wurzel kann bis zu fünf Meter hoch werden.

Die Wirkungen

Die Dosis macht's

Hauptwirkstoffe von Kava-Kava sind die Kavapyrone. Ihre Wirkung hängt von ihrer Dosierung ab. Bei mäßiger Dosierung wirken sie bei innerlicher Anwendung leicht entspannend und beruhigend, bei mäßig hoher Dosierung fördern sie darüber hinaus den Abbau von Ängsten, während hohe Dosierungen die Muskeln erschlaffen lassen und regelrecht wie eine Einschlafkeule wirken (ohne dabei am nächsten Morgen im Kater zu enden, wie das beispielsweise bei Alkohol oder anderen Einschlafhilfen im Allgemeinen der Fall ist). Im Labor konnte darüber hinaus nachgewiesen werden, dass die Kavapyrone auch bei Herzrhythmusstörungen helfen.

Der deutsche Name »Rauschpfeffer« ist irreführend. Zwar verspürt man nach dem Trinken von Kava-Kava eine angenehme Ruhe und Entspannung, doch das Bewusstsein wird dabei nicht beeinträchtigt.

Die angstlösenden Eigenschaften der Kava-Kava-Wurzeln sind mittlerweile durch zahlreiche klinischen Studien belegt. Demzufolge besitzt Kava-Kava ähnliche Wirkungen wie die als angstlösende Schlafmittel hinlänglich bekannten Benzodiazepine. Die Nebenwirkungen und Risiken fallen allerdings bei Kava-Kava deutlich geringer aus.

Risikoärmer als Kokain

Auch die äußerliche Anwendung von Kava-Kava macht Sinn. Schon beim Kauen der Kava-Kava-Wurzeln spürt man, wie die Zunge abkühlt und an Gefühl verliert – ein deutlicher Hinweis darauf, dass Kava-Kava lokalanästhetische Eigenschaften besitzt und sich dadurch zur örtlichen Betäubung eignet, beispielsweise bei Zahnschmerzen. In einer Studie konnten dem Kava-Kava-Extrakt bei äußerlicher Anwendung ähnlich betäubende Eigenschaften nachgewiesen werden wie dem Kokain – ohne jedoch dessen Nebenwirkungen zu besitzen. Auch dem klassischen lokalen Schmerzmittel Benzocain sind Kava-Kava-Wurzeln weitaus überlegen.

Auch bei Epilepsie

Die Kavapyrone gelten außerdem als so genannte Natriumkanalblocker, d. h., sie hemmen die Signalübertragung in bestimmten Gehirnzellenbereichen. Kava-Kava kann dadurch bei epileptischen Anfällen hilfreich sein. Vor einer Selbstmedikation bei Epilepsie sei jedoch in jedem Fall gewarnt, die Einnahme von Kava-Kava muss hier unbedingt mit dem behandelnden Arzt abgestimmt werden.

Kava-Kava bildet fast nur männliche Blüten aus, weibliche Pflanzen existieren nur selten – und wenn, dann zeigen sie keine Früchte. Der Kava-Kava-Strauch muss sich also ungeschlechtlich, beispielsweise durch Wurzelableger, vermehren.

Hier hilft Kava-Kava

- Nervöse Abgeschlagenheit und Ängste
- Schmerzen unterschiedlichster Ursachen

Mögliche Nebenwirkungen

Alkohol, Barbiturate und Psychopharmaka verstärken die Wirkung der Kavapyrone. Ansonsten kann es bei längerfristiger Einnahme zu einer leichten Gelbfärbung der Haut kommen, die allerdings gesundheitlich unbedenklich ist. In sehr seltenen Fällen kommt es zu allergischen Reaktionen. Aufgrund fehlender Datenlage wird schwangeren Frauen generell von der Einnahme der Kava-Kava-Zubereitungen abgeraten.

Anwendung und Dosierung

Wurzel

Die entrindeten Wurzeln werden zerkleinert, 15 bis 30 Gramm davon werden gekaut, bis sich eine zähe Masse bildet. Diese wird anschließend in 1 Glas Wasser gespuckt. Etwa 20 Minuten ziehen lassen, abseihen und trinken. Auf diese Weise erhält man die intensivste Kava-Kava-Wirkung. Man kann dieses Verfahren täglich 2-mal wiederholen.

Extrakte

Weniger wirkungsvoll als die frische Wurzel, dafür aber medizinisch exakt ist die Anwendung von Kava-Kava-Extrakten aus dem Handel. Die empfohlene Dosis richtet sich nach der Leitsubstanz der Kava-Kava-Wurzel, den Kavapyronen, sie liegt bei 120 bis 240 Milligramm.

Achten Sie also darauf, welche Menge Kavapyrone eine Einheit des von Ihnen gewählten Kava-Kava-Präparats besitzt, und dosieren Sie dementsprechend. Die Präparate sind Algin, Antares 120, Ardeydystin forte, Cefakava 150, Kava-Phyton, kava von ct, Kava-ratiopharm Kapseln, Kavasedon, Kavosporal forte, Kavatino, Laitan 100 und Nervonocton N.

Tinktur für äußerliche Anwendungen

25 Gramm getrocknete und zerkleinerte Kava-Kava-Wurzeln in einem verschließbaren Glas mit 120 Milliliter Alkohol (beispielsweise 40-prozentigem Wodka) übergießen; die Wurzeln sollten in jedem Fall vollständig bedeckt sein.

Das Glas 1 Minute lang schütteln, anschließend an einen möglichst dunklen und kühlen Ort stellen. 10 Tage ziehen lassen, zwischendurch immer wieder schütteln. Durch ein Passiertuch oder durch ein Sieb umgießen, dabei den Alkoholrest aus den Wurzeln herauspressen. Die Tinktur sollte in einer dunklen Glasflasche aufbewahrt werden.

Umschläge und Spülungen

Umschläge mit Kava-Kava-Tinktur eignen sich zur Behandlung von Gelenkschmerzen, beispielsweise bei Arthritis, Arthrose und Gicht sowie bei Schmerzen nach Sportverletzungen. Dazu verwendet man am besten ein Leinentuch, das mit einer Mischung aus 4 Teilen kaltem Wasser und 1 Teil Kava-Kava-Tinktur getränkt wurde.

Mundspülungen mit einem Gemisch aus 3 Teilen warmem Wasser und 1 Teil Kava-Kava-Tinktur tragen ausgezeichnet zur Linderung von Zahnschmerzen bei.

Einkauf

Vollständige Kava-Kava-Wurzeln erhält man in Apotheken und im ethnobotanischen Fachhandel (Adressen Seite 164 unter Bezugsquellen). Die verschiedenen Kava-Kava-Extrakte gibt es in Apotheken und in großen, gut sortierten Drogeriemärkten.

Kava-Kava kann unter Umständen auch bei Menstruationsbeschwerden helfen, die oft Folge von unbewussten Ängsten sind. Die Pflanze hilft dabei, den Teufelskreis von Krampf – Schmerz – Krampf zu durchbrechen.

Goldmohn (Eschscholtzia californica)

Der kalifornische Goldmohn wurde erstmals von dem Dichter Adelbert von Chamisso (1781–1838) beschrieben, der die Pflanze bei einer Weltumsegelung entdeckte. Die frühen spanischen Siedler Kaliforniens nannten das etwa 60 Zentimeter hoch werdende Mohngewächs Copa del Oro, Goldbecher. Sie erzählten die Legende, dass die orangefarbenen Blütenblätter in der Erde zu Gold verwandelt würden. 1848 brach in Kalifornien der Goldrausch aus.

Bei den nordamerikanischen Indianern wird der Goldmohn schon seit Urzeiten als Heilpflanze geschätzt und verwendet. Der Goldmohnwurzelsaft wurde zur Reinigung von Wunden eingesetzt, und man steckte sich ganze Wurzelstücke in Zahnlöcher, um den Kariesschmerz zu betäuben. Die Indianerfrauen der Costanoan legten Goldmohnblüten unter die Kopfkissen ihrer Kinder, um sie zum Schlafen zu bringen. An der Westküste raucht man noch heute die Blüten des Goldmohns.

Als Schlafmittel kommt Goldmohn mittlerweile auch in Deutschland zum Einsatz, vor allem in der Homöopathie. Dies brachte ihm denn auch hierzulande einen neuen Spitznamen ein: Schlafmützchen.

Seinen lateinischen Namen »Eschscholtzia« hat der Goldmohn von dem deutschen Chirurgen J. F. Eschscholtz (1793–1831), der als Naturforscher an denselben Expeditionen beteiligt war wie Adelbert von Chamisso, der die Pflanze zum ersten Mal beschrieb.

Botanische Merkmale

Der Goldmohn wird bis zu 40 Zentimeter hoch. Typisch für ihn sind seine leuchtend orangegelben Blüten, die auf schlanken und langen Stielen stehen. Die ursprüngliche Heimat der Pflanze ist der Westen der USA (Oregon, Kalifornien); er gedeiht bis zu Höhen von 2000 Meter. Heute wird er auch in Europa in vielen Gärten angebaut.

Die Wirkungen

Mildes Beruhigungsmittel

Im Goldmohn dominieren als Wirkstoffe Alkaloide wie Chelerythin und Sanguinarin, von denen bekannt ist, dass sie sich gezielt an bestimmte Rezeptoren in unserem Nervensystem anheften und dementsprechend psychische Wirkungen entfalten können. Im Unterschied zum Schlafmohn – dem auch bei uns heimischen Klatschmohn – wirkt Goldmohn jedoch ausgesprochen mild und ohne Risiko.

99

Geraucht rufen die Blätter und Blüten des Goldmohns leichte Euphoriezustände hervor, die etwa eine halbe Stunde anhalten. Ähnliche Wirkungen – allerdings deutlich länger – sind auch beim Trinken von Goldmohntee zu beobachten. Seine Extrakte zeigten im Labor schlafföderne, beruhigende und angstlösende Wirkungen. Doch damit nicht genug: Goldmohn verbessert auch die Sauerstoffversorgung des Körpers und die Aufnahme von Vitamin A, und damit ist er weit mehr als eine bloße Einschlafhilfe. Er eignet sich durchaus dazu, konzentrative Durststrecken beim geistigen Arbeiten zu überwinden. Goldmohn schärft den Durchblick – und das nicht nur im übertragenen Sinn, denn die verbesserte Vitamin-A-Verwertung wirkt sich auch positiv auf das Sehvermögen aus.

Im Unterschied zu seinem Verwandten, dem Schlafmohn, eignet sich der kalifornische Goldmohn auch für Kinder. So gilt er in den USA als wertvolles Heilmittel gegen Bettnässen.

Hier hilft Goldmohn

- Angstzustände
- Bettnässen
- Burnout-Syndrom
- Nervöse Unruhe und Erschöpfungszustände

- Stimmungstiefs und depressive Verstimmungen
- Konzentrationsschwäche
- Schlaflosigkeit
- Schmerzen

Mögliche Nebenwirkungen

Wissenschaftler vermuteten lange Zeit, dass Goldmohn Morphine enthält, ebenso wie sein berüchtigter Vetter, der Schlafmohn. Dieser Verdacht bestätigte sich jedoch nicht. Goldmohn entfaltet seine psychoaktiven Wirkungen glücklicherweise nicht durch das süchtig machende Morphin. Die Gefahr einer Sucht besteht also nicht.

Schwangeren wird allerdings von Goldmohn abgeraten, da die Pflanze in der indianischen Volksmedizin zum Abstillen eingesetzt wurde, möglicherweise also den Milchfluss hemmt.

Anwendung und Dosierung

Rauchen

Zum Rauchen werden das getrocknete Kraut sowie die getrockneten Früchte und Blüten des Goldmohns verwendet. Man kann sie in eine Pfeife stecken und – pur oder gemischt mit normalem Pfeifentabak – anzünden und den Rauch inhalieren. Schlaffördernd wirken aber auch Goldmohnblüten, die man unter ein Kopfkissen legt – eine Methode, die vor allem bei Kindern Erfolg versprechend ist.

Schließlich kann man Goldmohn auch als Räucherwerk einsetzen. Dazu wird er in einer Schale auf ein glühendes Stückchen Räucherkohle gelegt. Nachdem das Kraut weitgehend abgebrannt ist, wird gelüftet. Dadurch verzieht sich der Rauch, und die beruhigenden Dämpfe des Goldmohns bleiben zurück.

Tee

1 gehäuften Teelöffel Goldmohnkraut mit 1 Tasse (etwa 150 bis 200 Milliliter) kochendem Wasser überbrühen und 12 bis 15 Minuten zugedeckt ziehen lassen. Die psychischen Wirkungen des Tees halten länger an als beim Rauchen des Goldmohns. Zudem wirkt der Tee zuverlässiger als das Rauchen des Krauts.

Goldmohn und Johanniskraut

Beide Kräuter zu gleichen Teilen vermischen und 2 gestrichene Teelöffel davon mit 1 Tasse (150 bis 200 Milliliter) kochendem Wasser überbrühen. 12 Minuten zugedeckt ziehen lassen. Der Tee hilft bei Melancholie und Weinerlichkeit.

Der strenge Johanniskrautgeschmack wird durch den Mohn etwas gemildert und kann durch die Zugabe von Honig noch verbessert werden. Die Dosierung beträgt 2 bis 3 Tassen pro Tag, am besten nach den Mahlzeiten.

Rauchen und Räuchern von Goldmohn sollte nur einmal pro Tag durchgeführt werden. Der Grund: Weitere Anwendungen nach dem ersten Mal erbringen keine Effekte mehr.

Der kalifornische Mohn blüht in satter goldgelber Farbe, was ihm seinen Namen »Goldmohn« einbrachte.

Fertigpräparate

● Neurapas Filmtabletten (mit Lerchensporn, Johanniskraut, Baldrian und Passionsblume) gegen leichte Depressionen, Melancholie, nervöse Erschöpfung und Organneurosen. 1- bis 3-mal täglich 2 Filmtabletten, Schulkinder 1- bis 3-mal täglich 1 Filmtablette, jeweils vor den Mahlzeiten.

● Phytonoxon N Tinktur (mit Lerchensporn) gegen Unruhezustände und Schlafstörungen. 35 bis 40 Tropfen 30 Minuten vor dem Schlafengehen; bei Schulkindern die Hälfte.

● Requiesan Tropfen (mit Haferextrakt) gegen Ein- und Durchschlafstörungen. 30 bis 40 Tropfen in heißer Flüssigkeit vor dem Schlafengehen, Schulkinder die Hälfte.

Einkauf

Goldmohnsamen erhält man in jeder guten Gärtnerei und Blumenhandlung. Der ethnobotanische Fachhandel (Adressen Seite 164 unter Bezugsquellen) führt Samen und Kraut. Goldmohnextrakte erhält man in Apotheken.

Ein enger Verwandter des hohlen Lerchensporns ist der gefingerte Lerchensporn (Corydalis yanhuso). Die Heilpflanze entstammt der traditionellen chinesischen Medizin; sie wird dort gegen Menstruationsschmerzen eingesetzt.

Lerchensporn, hohler (Corydalis cava)

Der hohle Lerchensporn zählt zu denjenigen Arzneipflanzen, deren psychoaktive Wirksamkeit gut dokumentiert ist. Dennoch ist er hierzulande eher unbekannt.

Botanische Merkmale

Der hohle Lerchensporn wächst aus einer hohlen Knolle (daher der Name) und wird bis zu 30 Zentimeter hoch. Er wächst fast überall in Europa, in Laubwäldern, in Gebüschen und auch auf Weinbergen. Der hohle Lerchensporn ist als Wildpflanze zu einer Rarität geworden. Die pharmazeutisch genutzten Pflanzen stammen aus speziellen Kulturen. Therapeutisch verwendet werden die Wurzelknollen (Tubera Corydalis).

Die Wirkungen

Angstlösendes Bulbocapnin

Der Hauptwirkstoff des hohlen Lerchensporns – das so genannte Bulbocapnin – wirkt beruhigend und angstlösend. Er setzt in seiner Wirkung direkt am Mittelhirn an und ähnelt dadurch den geläufigen Beruhigungsmitteln. In Reinform ist die Anwendung von Bulbocapnin deshalb auch nicht risikolos, in höheren Dosierungen kann es zu Muskelzittern und sogar zu Krämpfen kommen. Der Extrakt der Gesamtpflanze wird jedoch als unproblematisch eingestuft.

Der hohle Lerchensporn hat unter Naturheilkundlern eine Tradition als Heilpflanze gegen Reiseübelkeit und Organneurosen wie etwa der Herzangst.

Hier hilft hohler Lerchensporn

- Depressive Verstimmungen

- Nervöse Erschöpfung

- Nervöse Unruhe

- Organneurosen (wie beispielsweise Herzangst)

- Reisekrankheit; Flugangst

- Schlafstörungen

Lerchensporn gehört zu den Mohngewächsen. Aus diesem Grund dürfen seine psychoaktiven Eigenschaften auch nicht verwundern.

Mögliche Nebenwirkungen

Bei bestimmungsgemäßem Gebrauch sind keine Nebenwirkungen zu befürchten.

Anwendung und Dosierung

Die getrockneten Wurzelknollen des hohlen Lerchensporns bekommt man in der Regel nicht mehr im Handel. Dafür sind aber einige Extrakte erhältlich, in denen die Heilpflanze verarbeitet wurde.

● Phytonoxon N Tinktur (mit kalifornischem Goldmohn) gegen Unruhezustände und Schlafstörungen. Die Dosierung beträgt 35 bis 40 Tropfen, die 30 Minuten vor dem Schlafengehen eingenommen werden sollen. Bei Schulkindern muss die Dosis halbiert werden.

● Neurapas Filmtabletten (mit Johanniskraut, Baldrian, Passionsblume und kalifornischem Goldmohn) gegen leichte Depressionen, Melancholie, nervöse Erschöpfung und Organneurosen. Die Dosierung beträgt 1- bis 3-mal täglich 2 Filmtabletten, jeweils vor den Mahlzeiten. Bei Schulkindern muss die Dosis halbiert werden; sie sollten nicht mehr als 1- bis 3-mal täglich 1 Filmtablette einnehmen.

Einkauf

Präparate mit Lerchensporn erhält man in Apotheken.

Passionsblume (Passiflora incarnata)

Ihren Namen »Passionsblume« verdankt die Pflanze einem spanischen Missionar, der in dem bizarren Muster der Passiflorablüten einen Hinweis auf das Martyrium Christi sah. Die Ureinwohner Amerikas nutzen sie bereits seit vielen Jahrhunderten zu Heilzwecken, hierzulande setzte sie sich erst in den 1960er Jahren als Heilkraut durch. Heute schätzt man sie als Phytotherapeutikum der Mitte, weil in ihr anregende und beruhigende Effekte auf einmalige Weise aufeinander abgestimmt sind.

Ein enger Verwandter von Passiflora incarnata ist Passiflora edulis. Ihre Früchte kennen wir bei uns als Maracujaobst.

Botanische Merkmale

Die Passionsblume gehört zu den Lianengewächsen. Sie wird bis zu zehn Meter lang und wächst wild vor allem in den südöstlichen USA. Mittlerweile wird sie jedoch auch in Spanien und Italien zur Arzneimittelgewinnung kultiviert; als Zierpflanze gibt es die Passionsblume auch bei uns.

Die Wirkungen

Harmonie für das gestresste Nervenkostüm

Lange Zeit galten als Hauptwirkstoffe der Passionsblume die so genannten Harmanalkaloide. Doch ihre Konzentration ist zu gering, um tatsächlich wirksam sein zu können. Aus heutiger Sicht scheinen vor allem die Flavonoide Apigenin und Luteolin für die psychischen Effekte von Passiflora verantwortlich zu sein.

Die Familie der Passionsfrüchte umfasst einige hundert Arten, die meist aus den tropischen und subtropischen Gegenden Südamerikas kommen. Die Abbildung auf dem Umschlag zeigt ebenfalls eine Passiflorablüte.

Zubereitungen von Passiflorablüten wirken zunächst anregend und stimmungsaufhellend, danach jedoch beruhigend. Der beste Zeitpunkt der Einnahme ist deshalb etwa zwei bis drei Stunden vor der Nachtruhe oder dem Nachmittagsnickerchen. Passiflorazubereitungen vertiefen den Schlaf und geben ihm besonders intensive Träume. Dem Gehirn des Betroffenen wird dadurch die Chance gegeben, durch nächtliche Traumarbeit besser mit Problemen und Sorgen fertig zu werden. Oder anders ausgedrückt: Die Passionsblume verbessert unsere Psychohygiene, indem sie unserem Gehirn dabei hilft, psychisch belastende Erlebnisse besser zu verarbeiten. Sie nutzt vor allem den schlechten und traumarmen Schläfern unter uns, also jenen, die sich nach dem Aufwachen häufig abgeschlagen und gerädert fühlen.

Die Passionsblume wird in der Pharmazie gerne mit anderen psychoaktiven Pflanzen kombiniert. Dies mag in einigen Fällen sinnvoll sein; es darf jedoch nicht dazu führen, dass der Passifloraanteil auf ein wirkungsloses Minimum reduziert wird.

Von allem etwas

In der Passionsblume verbinden sich anregende und beruhigende Effekte zu einem einmaligen psychoaktiven Erlebnis. Mit Baldrian und Melisse teilt sie die beruhigenden Wirkungen, mit Rosmarin den anregenden und mit Weißdorn den blutdruckstabilisierenden Effekt. Und in seiner euphorisierenden Wirkung erinnert sie sogar an »gestandene« Rauschmittel wie Marihuana und Opium, ohne freilich das Suchtpotenzial des letzteren zu haben. Passiflora wird daher gerne mit anderen psychoaktiven Heilpflanzen kombiniert.

Ihr besonderes Problem besteht allerdings darin, dass ihre Wirkstoffe nur schlecht wasserlöslich sind. Das normale Aufgießen – mit kochendem Wasser überbrühen, 15 Minuten ziehen lassen und anschließend abseihen – hat deshalb bei der Passionsblume nur wenig Zweck. Sie muss mit Alkohol zubereitet oder aber richtig »ausgekocht« werden. Eine andere Möglichkeit besteht darin, das Kraut in die Pfeife zu stopfen und es zu rauchen.

Hier hilft Passionsblume

- Alpträume
- Angstzustände
- Depressive Verstimmungen
- Migräne
- Abgeschlagenheit
- Nervöse Unruhe
- Reizbarkeit
- Stimmungsschwankungen

Mögliche Nebenwirkungen

Bei bestimmungsgemäßem Gebrauch sind keine Nebenwirkungen zu befürchten. In hohen Dosierungen (mehr als 20 Gramm, innerlich angewendet) kann es zu Halluzinationen kommen.

Anwendung und Dosierung

Rauchen

Passiflorakraut kann – pur oder gemischt mit entsprechendem Tabak – in der Pfeife geraucht werden. Man kann das Kraut aber auch in einem kleinen Gefäß auf einem Stück Kohle als Räucherwerk verwenden, ähnlich wie Weihrauch (siehe Seite 91). Wichtig ist dabei, dass Sie nach dem Abflammen des Krauts gründlich lüften. Auf diese Weise verschwindet der Rauch, und der aromatische Duft der Blume bleibt zurück.

Eine Studie mit einem Kombinationspräparat aus Weißdorn und Passionsblume ergab bei älteren Menschen eine deutliche Steigerung der körperlichen Leistungsfähigkeit.

Tee

10 Gramm des getrockneten Krauts mit 250 Milliliter Wasser ohne Topfdeckel aufkochen. Bei geringer Hitze so lange kochen lassen, bis der Wasserspiegel deutlich (um etwa 50 Milliliter) abgesunken ist, dann noch etwas Wasser nachgießen, bis wieder der ursprüngliche Wasserstand im Topf erreicht ist. Das Ganze abseihen und abkühlen lassen.

Beim Servieren können Sie den Passionsblumensud noch mit Zucker und Zitronensaft würzen und einige Eiswürfel dazugeben. So wird der Passionsblumentee ein geschmackvoller Drink, der außerdem noch die Psyche auf Touren bringt. Trinken Sie davon nicht mehr als 2 bis 3 Gläser pro Tag, das letzte Glas 2 Stunden vor dem Zubettgehen.

Extrakte

Passiflora gibt es auch als Fertigarzneimittel aus Apotheken und Drogerien. Monopräparate sind:

- Passiflora Curarina Tropfen (3-mal täglich 20 bis 30 Tropfen, Schulkinder die Hälfte)
- Passiflora Dragees Alsitan (1 bis 2 Dragees, 4-mal pro Tag)

Außerdem sind noch zahlreiche Produkte auf dem Markt, in denen das südamerikanische Kraut mit anderen Heilpflanzen kombiniert wurde. Oft ist jedoch der Passifloraanteil so gering, dass von ihm keine sonderliche Wirkung erwartet werden darf. In diesem Fall bieten sich Monopräparate natürlich eher an.

Passiflora und Johanniskraut bei Melancholie

Die Kräuter zu gleichen Teilen miteinander vermischen. 2 gestrichene Teelöffel der Mischung mit 1 Tasse (150 bis 200 Milliliter) kochendem Wasser übergießen und 12 Minuten zugedeckt ziehen lassen.

Der Tee hilft bei Melancholie und Weinerlichkeit. Der strenge Johanniskrautgeschmack wird durch Passiflora etwas gemildert. Die Dosierung beträgt 2 bis 3 Tassen pro Tag, am besten nach den Mahlzeiten.

Passiflora und Goldmohn bei Schlafstörungen

Die Kräuter zu gleichen Teilen miteinander vermischen. 2 gestrichene Teelöffel der Mischung mit 1 Tasse (150 bis 200 Milliliter) kochendem Wasser übergießen und 12 Minuten zugedeckt ziehen lassen. Der Tee hilft bei Schlafstörungen. Die Dosierung beträgt 2 Tassen pro Tag, die letzte wird 1 Stunde vor dem Schlafengehen getrunken.

Passiflora und Weißdorn bei Herzjagen und Unruhe

Die Wirkstoffe der beiden Heilpflanzen Weißdorn und Passionsblume werden in der Pharmazie recht gerne kombiniert. Als Indikationen gelten Nervenschwäche, Unruhezustände, nervöse Magen- und Darmbeschwerden, Herzjagen, Herzklopfen sowie Herz- und Kreislaufschwäche.

Die Kräuter zu gleichen Teilen miteinander vermischen. 2 gestrichene Teelöffel der Mischung mit 1 Tasse (150 bis 200 Milliliter) kochendem Wasser übergießen und 12 Minuten zugedeckt ziehen lassen.

Weißdorn und Passiflora passen aufgrund ihrer leicht blumig süßlichen Note auch geschmacklich gut zueinander. Die Dosierung beträgt 2 bis 3 Tassen pro Tag, am besten nach den Mahlzeiten.

Als Passiflora-Weißdorn-Präparate sind Passiorin N und Bunetten im Handel erhältlich.

Gegen Schlafstörungen hat sich auch eine Kräuterteemischung aus Passionsblume, Hopfen, Weißdorn, Orangenblüten, Lavendel und Melisse bewährt, die zu gleichen Teilen gemischt und abends vor dem Schlafengehen eingenommen wird.

Einkauf

Sie erhalten getrocknetes Passionsblumenkraut in einigen Apotheken und Reformhäusern sowie im ethnobotanischen Fachhandel (Adressen Seite 164 unter Bezugsquellen). Auch einige Tee- und Kräutergeschäfte führen Pasionsblumenkraut. Die Extrakte erhält man nur in Apotheken.

Burnout und depressive Verstimmungen

Antriebsarmut, Resignation und Verzweiflung, der Wunsch, sich von anderen Menschen abzukapseln: Diese schwer wiegenden Begleiterscheinungen depressiver Verstimmungen können zu Depressionen führen und den betroffenen Menschen in die soziale Isolation treiben. Auch das Burnout-Syndrom gehört in den Formenkreis dieser Erkrankungen. Es sind meist erfolgreiche und auf den ersten Blick sorgenfreie Menschen, die sich in der Mitte ihres Lebens ausgebrannt und leer fühlen und keinerlei Perspektive mehr zu haben glauben. Johanniskraut ist seit langem als mildes Antidepressivum bekannt; aber auch Katzenminze, Betelnuss und das Präparat 5-HTP werden inzwischen erfolgreich als pflanzliche Stimmungsaufheller eingesetzt.

Das Stimmungstief hinter sich lassen

Betelnuss (Areca catechu)

Bei Betelnüssen handelt es sich um die Samen der so genannten Betelpalme. In Asien und Arabien galten sie lange Zeit als das Genussmittel schlechthin; man schätzte ihre sanft anregenden und berauschenden Effekte auf die Psyche. Als allerdings mit den Europäern der Alkohol Einzug hielt, war es mit der Vorherrschaft der Betelnuss vorbei.

Ganz verdrängt wurde sie jedoch nie. In Form der »Betelbissen« hat sie nach wie vor Bestand, vor allem in Neuguinea und Indonesien sowie auf den Philippinen. In den USA werden sogar Betelhappen verkauft, die auf den abendländischen Gaumen abgestimmt sind.

Betelnuss ist als Rauschmittel erheblich unproblematischer als Alkohol oder Nikotin. Voraussetzung ist allerdings, dass die Einzeldosis von etwa drei bis vier Gramm nicht überschritten wird.

Botanische Merkmale

Die Betelpalme oder Arekpalme wird bis zu 25 Meter hoch. Der Stamm erreicht eine Dicke von 35 bis 50 Zentimeter. Auch ihre Wedelblätter können sich sehen lassen, sie werden bis zu zwei Meter lang. Wild wachsend gibt es die Betelpalme praktisch nicht mehr. Sie wird überwiegend in den tropischen Regionen von Indien, Pakistan, Sri Lanka, Madagaskar, Ostafrika, Südchina und Indonesien angebaut.

Die Wirkungen

Sanft anregendes Arecolin

Hauptwirkstoff der Betelnuss ist das Alkaloid Arecolin. Beim Zerkauen der kompletten Betelnüsse oder ihres Pulvers wird es durch den Speichel zu Arecaidin verseift, das direkt an unserem vegetativen Nervensystem wirkt. Darüber hinaus wirken Betelnüsse anthelmintisch, d. h., sie können auch bei Wurmerkrankungen hilfreich sein.

Als psychoaktive Pflanze wirkt die Betelnuss sanft anregend und mild euphorisierend. Die Gefahr einer Suchtentwicklung besteht nicht.

Immunstärkende Polyphenole

Die Polyphenole der Betelnuss stärken das Immunsystem und gelten außerdem als wirksame Tumorhemmer. Insofern Müdigkeit oft auch mit einer Schwächung des Immunsystems einhergeht, kann auch von dieser Seite her ein aufmunternder Effekt der Betelnuss vermutet werden. Ihre eigentliche Stärke liegt jedoch in ihrer sanft euphorisierenden Wirkung.

Hier hilft Betelnuss

- Abwehrschwäche
- Depressive Verstimmungen und leichte Depressionen
- Krebserkrankungen
- Allgemeine Erschöpfungszustände

Mögliche Nebenwirkungen

Wer regelmäßig Betelnüsse kaut, riskiert eine Rotverfärbung der Zähne. Diese Verfärbung ist allerdings nicht ungesund. Im Gegenteil: Auf den Philippinen gilt das Betelnusskauen als wirksamer Kariesschutz.

In hohen Dosierungen von über acht Gramm Betelnuss können die Betelnussalkaloide zu einer tödlichen Herz- oder Lungenlähmung führen. Es ist also größte Vorsicht geboten!

Anwendung und Dosierung

Betelbissen

Im Iran werden Betelnüsse, mit Zucker und Koriander vermischt, zur Einleitung der Geburt verabreicht.

Die traditionelle Anwendung erfolgt über die so genannten Betelbissen. Hierzu werden einige Stücke der zerkleinerten Nuss mit etwas gelöschtem Kalk in ein Blatt des Betelpfeffers (Piper chavica betel) eingewickelt. Dieser Bissen wird zerkaut; dabei bildet sich ein Saft, der zunächst noch ausgespuckt werden sollte. Erst der sich nachfolgend bildende Saft wird geschluckt – in ihm befinden sich die verseiften Alkaloide, von denen die psychoaktive Wirkung ausgeht. Der Anfänger sollte seine Happen erst einmal ohne Kalk ansetzen, da dadurch die Wirkung der Alkaloide deutlich abgeschwächt wird.

Leider ist es hierzulande nicht einfach, an die Blätter des Betelpfeffers heranzukommen (man erhält sie in einigen asiatischen Gewürz- oder Lebensmittelgeschäften). Alternativ dazu können aber auch gekochte Kohlblätter (z. B. von China- oder Weiß-

kohl) verwendet werden. In den USA erhält man fertige Betel-
kaumischungen, die auf das westliche Geschmacksempfinden
abgestimmt sind.

Als optimale Einzeldosis gelten bei der Betelnuss 3 bis 4 Gramm,
1- bis 2-mal pro Tag, zwischen den einzelnen Anwendungen sollten mindestens 6 Stunden liegen.

Einkauf

Sie erhalten Betelnüsse und Betelnusspulver im ethnobotanischen Fachhandel (Adressen Seite 164 unter Bezugsquellen).

Johanniskraut (Hypericum perforatum)

*Mysterien und Le-
genden dürfen nie-
mals außer Acht ge-
lassen werden, wenn
man die Wirkung
einer Pflanze ganz
begreifen will. Im
Fall des Johannis-
krauts zeigen sie
deutlich, dass dieser
Pflanze schon immer
eine große Kraft
gegen das Böse zuge-
schrieben wurde.*

Wie viele psychoaktive Pflanzen, so wird auch Johanniskraut von
zahlreichen Legenden begleitet. In der Antike wurde es zu
Sträußen gebunden und über den Figuren der Götter aufge-
hängt, um böse Geister abzuhalten. Die Germanen schmückten
mit ihm ihre Altäre und flochten es zu Kränzen, die dann beim
Tanz um das Sonnenwendfeuer getragen wurden. Später wurde
der Johanniskrautkranz über das Hausdach geworfen, um für
das Jahr Glück und Gesundheit zu bringen.

Auch die frühen Christen maßen der Pflanze eine besondere
Bedeutung zu. Sie glaubten, dass sie mit ihrem roten Saft aus
dem Blut Johannes des Täufers hervorgegangen sei – daher
auch der heute noch übliche Name »Johanniskraut«. Wo es
hing, sollte der Teufel keine Macht mehr haben.

Der Sage nach versuchte dann einmal der Teufel, das heilige
Kraut zu vernichten. Er nahm eine Nadel und stach wie ein Be-
sessener auf die Blätter der unglückseligen Pflanze ein. Doch
Gott stellte das Johanniskraut unter seinen Schutz – geblieben
ist allerdings das Löchermuster in den Blättern.

Heute bildet Johanniskraut eine der wichtigsten naturheilkund-
lichen Entdeckungen der letzten Jahre. Seine angst- und depressionshemmende Kraft ist durch zahlreiche Studien belegt.

Botanische Merkmale

Allein in Deutschland existieren neun verschiedene Arten des
Johanniskrauts. Von therapeutischer Bedeutung ist jedoch nur
eine Art, nämlich Hypericum perforatum. Es wird bis zu
einem Meter hoch und brilliert durch leuchtend gelbe Blüten.

Typisch für den Tüpfelhartheu – wie die Pflanze auch noch genannt wird – sind die Blätter. Hält man sie gegen das Licht, sehen sie aus wie perforiert. Verantwortlich für dieses eigentümliche Muster sind die in den Blättern befindlichen Öldrüsen, in denen sich auch die meisten Heilstoffe der Pflanze befinden.

Johanniskraut ist in seinen Ansprüchen sehr bescheiden. Die heilkräftige Pflanze wächst auf trockenen Urgestein- und Kalkböden, an sonnigen Hügeln und Berghängen sowie an sonnigen Wegen und Mauern.

Johanniskraut wächst überall, wo es trostlos zugeht: an Bahndämmen genauso wie auf Schuttplätzen. Mit seinen grellgelben Blüten bringt es jedoch Licht in diese Gegenden – ebenso wie es als Heilpflanze auch Licht in dunkle Seelen bringt.

Die Wirkungen

Antidepressives Hyperforin

Johanniskraut enthält zahlreiche ätherische Öle und Flavonoide sowie die Wirkstoffe Hyperizin und Hyperforin. Hyperizin galt lange Zeit als Hauptwirkstoff in der Behandlung von depressiven Verstimmungen, Depressionen und Ängsten; seit kurzem richtet sich das Augenmerk der Wissenschaftler jedoch verstärkt auf das Hyperforin. Dieser Stoff steigert die Verfügbarkeit von körpereigenen stimmungsaufhellenden Stoffen in unserem Gehirn. Hyperforin hat allerdings den Nachteil, nur wenig stabil zu sein. Im Teeaufguss aus getrockneten Blättern beispielsweise ist es kaum noch nachweisbar.

Zahlreiche klinische Belege

Zur angst- und depressionshemmenden Wirkung von Johanniskraut existieren zahlreiche klinische Studien. Demzufolge erreicht die Pflanze hier eine ähnliche Wirksamkeit wie die üblicherweise eingesetzten Psychopharmaka, mit allerdings weitaus besserer Verträglichkeit.

Vor kurzem erhielt Johanniskraut sogar die höchste wissenschaftliche Weihe, es bestand nämlich eine so genannte dreiarmige Studie mit Bravour. In dieser Untersuchung wurde es als Antidepressivum gleichzeitig mit einem Plazebo (Scheinmedikament) und einem trizyklischen Psychopharmakon (Imipramin) verglichen, und zwar an einer Gruppe von 263 Patienten mit mittelschweren Depressionen. Im Ergebnis zeigte sich eine deutliche Überlegenheit des pflanzlichen Arzneimittels gegenüber dem Plazebo, und im Vergleich zu dem synthetischen Antidepressivum schnitt es mindestens gleichwertig ab. Dabei zeigte es allerdings deutlich weniger Nebenwirkungen.

Johanniskrautöl, auch Johannisöl oder Rotöl genannt, eignet sich ebenfalls zur Behandlung von offenen und stumpfen Verletzungen.

Hyperforin gegen hartnäckige Bakterien

In einer Studie der Universität Freiburg zeigten sich antibiotische Effekte des Johanniskrautwirkstoffs Hyperforin. Demzufolge wirkt Hyperforin vor allem auf grampositive Bakterien wie den berüchtigten Staphylococcus aureus, eine Kugelbakterie, die oft an Wundinfekten, Lungenentzündungen, Furunkeln und Lebensmittelvergiftungen beteiligt ist. Bemerkenswert: Hyperforin zwang auch jene Bakterien in die Knie, die bereits eine Resistenz gegenüber Antibiotika entwickelt hatten. Möglich also, dass man mit diesem Wirkstoff eine echte Alternative im immer aussichtsloser werdenden Kampf gegen Bakterien gewonnen hat. Noch fehlen allerdings Belege, ob der pflanzliche Wirkstoff auch konkret am infizierten Menschen wirkt und nicht nur an der isolierten Bakterienkultur im Labor.

Johanniskraut ist keine Pflanze für die schnelle erste Hilfe bei depressiven und nervösen Erschöpfungszuständen. Die Wirkung des Krauts tritt erst nach etwa drei Wochen ein.

Mit Johanniskraut gegen Tinnitus (Ohrgeräusche)

An einigen deutschen Kliniken arbeitet man mittlerweile erfolgreich mit Johanniskraut in der Therapie von Tinnituspatienten. Im Visier haben die Mediziner dabei vor allem die Stimmungs- und Empfindungslage der Betroffenen, also nicht die fehlerhaften Verarbeitungsprozesse im Innenohr bzw. im Hörzentrum des Gehirns.

Mit anderen Worten: Johanniskraut greift nicht am Ohrensausen selbst an, sondern sorgt als psychoaktive Pflanze dafür, dass der Patient es weniger wahrnimmt. Im Resultat muss Johanniskraut dennoch als tinnitusdämpfende Pflanze eingeschätzt werden, denn was die Patienten letztendlich leiden lässt, ist eben jene Wahrnehmung ihrer Ohrgeräusche.

Mit Johanniskraut gegen den »Winterblues«

Die Stärke von Johanniskraut besteht darin, unsere so genannte Lichtutilisation zu verbessern. Das bedeutet, dass die Pflanze unsere Fähigkeit erhöht, die positiven psychischen Kräfte des Sonnenlichts für uns auszunutzen. Bekanntlich fühlen wir uns ja bei Sonnenschein erheblich wohler, als wenn es düster, regnerisch und nasskalt ist.

In einer Studie der Wiener Universitätslinik für Psychiatrie wurden zehn Patienten, die an SAD (Seasonal Affective Disorder, Winterdepression) litten, mit einer Kombination aus Johanniskraut und Lichttherapie behandelt. Die Tagesdosierungen betrugen 900 Milligramm Johanniskraut und zwei Stunden Lichtbestrahlung von 3000 Lux. Die Testpersonen zeigten deutlich bessere Heilerfolge als jene Patienten, die nur mit Licht oder nur mit Johanniskraut behandelt wurden. Und dies bedeutet, dass Hypericum und Licht gute Partner im Kampf gegen saisonale Stimmungstiefs sind.

Die immer noch zu hörende Warnung, wonach Patienten, die mit Hypericum behandelt wurden, das Sonnenlicht meiden sollten, macht vor diesem Hintergrund keinen Sinn mehr.

Schmerzhemmende Wirkung

Johanniskraut besitzt neben seiner Wirkung als Antidepressivum auch große Chancen in der Behandlung von Spannungskopfschmerzen. Eine Studie der Universität Kiel konnte nachweisen, dass Johanniskraut bei dieser Krankheit ähnlich wirksam ist wie die handelsüblichen Schmerzmittel.

Skeptiker betonen immer wieder, dass Johanniskraut nur bei leichten und mittleren Depressionen hilft. Das ist richtig. Tatsache ist aber auch, dass schwere Depressionen ohnehin ein Fall für die psychiatrische Klinik sind und nicht mehr ohne weiteres mit einem Medikament behandelt werden können. Johanniskraut hilft also bei allen Depressionen, die sich überhaupt mit einem Arzneimittel behandeln lassen.

Hier hilft Johanniskraut

- Angststörungen
- Depressive Verstimmungen und Depressionen
- Melancholie
- Nervosität und Gereiztheit
- Psychische Wechseljahrebeschwerden
- Schlafstörungen
- Spannungskopfschmerzen
- Winterdepression (SAD)

Mögliche Nebenwirkungen

Die immer wieder zu hörende Warnung, wonach es bei Kombination von Hypericum mit starkem Sonnenlicht zu Hautentzündungen oder einer Trübung der Augenlinsen kommen könne, hat im Alltag kaum eine praktische Bedeutung. Derartige Effekte treten erst bei extrem hohen Hypericum- bzw. Lichtdosierungen auf. Wer gerade eine Johanniskrautkur macht, muss sicherlich nicht das Sonnenlicht meiden. Man sollte jedoch darauf verzichten, im Sommer längere Sonnenbäder zu nehmen oder sich unter eine Höhensonne zu legen (wie man ohnehin auf derartige »Sonnenlichttorturen« verzichten sollte, da sie das Hautkrebsrisiko erhöhen).

Wechselwirkungen mit anderen Mitteln

In jüngerer Zeit kamen außerdem Berichte auf, wonach Johanniskraut die Wirkung bestimmter Arzneimittel beeinträchtigt. So wird etwa die Konzentration des Herzmittels Digoxin im Blut um 25 Prozent reduziert, wenn gleichzeitig ein Johanniskrautpräparat eingenommen wird.

Ein ähnliches Phänomen wurde auch bei Phenprocoumon (einem Mittel, das die Blutgerinnung hemmt) und Amitriptylin (ein »hartes« Antidepressivum) beobachtet – Erkenntnisse, die sicherlich berücksichtigt werden sollten. Deswegen aber – wie vielerorts zu hören – eine Rezeptpflicht für Johanniskraut zu fordern, ist absolut überzogen. Denn nicht Johanniskraut ist das Problem, sondern die aufgelisteten Medikamente, die nicht nur durch Hypericum, sondern auch durch zahlreiche andere Substanzen in ihrer Wirkung beeinträchtigt werden. Darüber hinaus macht es ohnehin keinen Sinn, das sanft wirkende Johanniskraut mit einem »Depressionshammer« wie Amitriptylin zu kombinieren.

Fazit: Johanniskraut zählt nach wie vor zu den risikoarmen Arzneimitteln. Bei bestimmungsgemäßem Gebrauch sind keine Nebenwirkungen zu befürchten.

Johanniskraut hilft auch alkoholkranken Menschen. Es nimmt ihnen nicht nur ihre Depressionen, sondern erhöht durch seinen psychoharmonisierenden Einfluss auch die Erfolgsquote beim Entzug.

Anwendung und Dosierung

Zur Anwendung eignen sich sowohl die zahlreichen Hypericumpräparate als auch der Presssaft und das Öl (wegen seiner Farbe oft als Rotöl bezeichnet). Der Teeaufguss scheint hingegen weniger ergiebig zu sein, insofern in ihm der mutmaßliche Hauptwirkstoff Hyperforin kaum noch nachweisbar ist.

Presssaft

Der Presssaft aus Johanniskraut ist in seiner depressionshemmenden Wirksamkeit recht hoch einzuschätzen, da er aus der frischen, hyperforinreichen Pflanze gewonnen wird. Der Saft schmeckt pur recht streng und bitter, gemischt mit Orangensaft erinnert er aber sogar an Campari Orange. Die empfohlene Dosis liegt bei 1 Esslöffel pro Tag.

Presssaft aus Johanniskraut hält sich nach dem Öffnen der Flasche im Kühlschrank nur noch etwa 2 bis 3 Wochen. Er sollte also zügig aufgebraucht werden.

Johanniskrautöl

Das rote Öl des Johanniskrauts ist ein Klassiker in der Behandlung von schmerzhaften Verletzungen wie Blutergüssen, Muskelzerrungen und Prellungen. Doch nicht nur das: Rotöl, einige Minuten lang in den Kopfbereich oberhalb der Schläfen einmassiert, hilft auch gegen Spannungskopfschmerzen, die bei weitem den häufigsten Kopfschmerztyp ausmachen.

Präparate

Die Anzahl der Johanniskrautpräparate ist unüberschaubar. Mittlerweile existieren auch Extrakte, die auf den neu entdeckten Hauptwirkstoff Hyperforin standardisiert wurden; sie sind allerdings recht teuer. Für den Selbstanwender reichen sicherlich auch andere Präparate aus.

Als Extraktmenge werden allgemein 900 Milligramm pro Tag empfohlen. Das Problem dabei ist, dass bei den Präparaten große Unterschiede hinsichtlich der Menge des enthaltenen Johanniskrautextrakts bestehen, und auch bei den Dosierungsvorschriften herrscht alles andere als Einigkeit. Hier muss man also darauf achten, wie viel Extrakt eine Tablette oder ein Dragee enthält. Enthält beispielsweise eine Tablette 250 Milligramm Extrakt, so empfehlen sich als Tagesdosis 3 bis 4 Tabletten. Glücklicherweise bestehen beim Johanniskraut so gut wie keine Risiken von Nebenwirkungen, so dass auch höhere Dosierungen in der Regel keinen Schaden anrichten.

Einkauf

Öl, Presssaft und Präparate aus Johanniskraut sind in Apotheken und Drogerien erhältlich, aber auch in ethnobotanischen Fachgeschäften (Adressen Seite 164 unter Bezugsquellen), in

In den AIDS-Ambulanzen in Berlin wurden mit Johanniskraut große Erfolge bei der Behandlung von HIV-Infizierten erzielt. Das Kraut verbesserte nicht nur die Stimmungslage, sondern auch die Blutwerte der Betroffenen. Wahrscheinlich hatte sich durch die Stabilisierung der Psyche ihr Immunsystem gekräftigt, so dass das HI-Virus besser unter Kontrolle gehalten werden konnte.

Teeläden und Reformhäusern. Vereinzelte Forderungen, Johanniskraut rezeptpflichtig zu machen, fanden bislang glücklicherweise kein Gehör.

Katzenminze (Nepeta cataria)

Die zu den Lippenblütlern zählende Katzenminze wächst in ganz Europa. Bei uns wird sie gerne als Zierpflanze angebaut. Ihren Namen hat die Pflanze von ihrer Anziehungskraft, die sie auf Katzen ausübt.

Als Heilmittel hat die Katzenminze eine lange Tradition. So steht im »Irish Herbal« aus dem Jahr 1735: »Katzenminze fördert Harnlassen und Menstruation; sie treibt das totgeborene Kind aus; sie öffnet Vertonungen in Lunge und Gebärmutter und ist gut bei inneren Quetschungen und Kurzatmigkeit.« Hierzulande wurde die Heilpflanze oft zur Behandlung von Kindern mit grippalem Infekt eingesetzt, da sie schweißtreibend und fiebersenkend wirkt. Noch bekannter ist die Katzenminze aber womöglich dadurch geworden, dass sie immer wieder gerne als Marihuanaersatz geraucht wurde.

Die Wirkungen

Inspirierende Öle

Die Katzenminze enthält ein ätherisches Öl, das überwiegend aus Nepetalactonen besteht, die man auch im Gift kalifornischer Ameisen finden konnte – und diese Tiere wurden von den Indianern bei lebendigem Leibe geschluckt, um sich die nötige Bewusstseinsveränderung für ihre Rituale zu verschaffen. Dazu passt, dass Katzenminze – wie bereits erwähnt – auch heute noch oft als Marihuanaersatz geraucht wird.

Doch auch wenn Katzenminze leicht euphorisierend, inspirierend und angstlösend wirkt – im Unterschied zu Marihuana ist sie juristisch und medizinisch absolut unproblematisch. Suchtgefahr besteht bei der Einnahme der heilkräftigen Pflanze nicht. Außerdem bleibt sie, wenn sie geraucht wird, bei vielen Menschen wirkungslos.

Ihre breite Anwendung erfolgt besser als Teeaufguss – und hier setzen die Wirkungen bekanntermaßen erheblich langsamer und sanfter ein als beim Rauchen.

Katzenminze ist ein Klassiker unter den Kräutern, die zu sanfter Euphorie und Bewusstseinserweiterung führen können. Im Unterschied zu anderen Pflanzen wie etwa Marihuana und Tabak ist sie jedoch absolut risikolos.

Hier hilft Katzenminze

- Abgeschlagenheit infolge von Stress
- Angstzustände
- Phantasielosigkeit
- Stimmungstiefs
- Mangelnde Euphorie und mangelnde Kreativität
- Grippaler Infekt

Mögliche Nebenwirkungen

Nebenwirkungen sind bislang keine bekannt.

Anwendung und Dosierung

Die Anwendung erfolgt als Teeaufguss, am besten gemischt mit Damiana. Dazu werden jeweils 1 Esslöffel der beiden Kräuter mit 250 Milliliter heißem Wasser übergossen. 5 Minuten ziehen lassen, anschließend abseihen. Der Tee wirkt leicht euphorisierend, ohne albern und überdreht zu machen. Die Geisteskräfte werden geweckt, das Bewusstsein öffnet sich, ohne sich in der Sinnlosigkeit zu verlieren. Die Damiana-Katzenminze-Mischung bildet eine wirksame erste Hilfe für so manches Kreativitätsloch.

Einkauf

Katzenminze ist im ethnobotanischen Fachhandel erhältlich (Adressen Seite 164 unter Bezugsquellen).

Die Katzenminze erhielt ihren Namen durch eine eigentümliche Vorliebe, die Katzen für diese Pflanze entwickelten.

5-HTP (aus Griffonia simplicifolia)

Dieser neue pflanzliche Muntermacher schwappt derzeit aus den USA zu uns herüber. Gewonnen wird 5-HTP aus einem westafrikanischen Busch namens Griffonia simplicifolia. Eigentlich ist er nicht wirklich neu, denn selbst in Deutschland ist er schon einige Jahre auf dem Markt. Doch in den USA zählt er derzeit – neben der tahitianischen Nonifrucht – zu den Megatrends in Sachen natürlicher Auffrischung von Geist und Seele. Bücher über 5-HTP stehen in den Bestsellerlisten, und der Extrakt selbst wird von immer mehr Amerikanern konsumiert – weswegen denn möglicherweise auch in Deutschland ein 5-HTP-Boom zu erwarten ist.

Botanische Merkmale

Griffonia simplicifolia wächst vor allem in Ghana und an der Elfenbeinküste. Seine Samen enthalten bis zu zehn Prozent an 5-HTP und bilden damit die ergiebigste Quelle dieses eminent wirksamen »Brainboosters«.

5-HTP kann auch synthetisch im Labor hergestellt werden. Doch dieses Verfahren ist weitaus teurer, als es aus den Samen des Griffonia-strauchs zu gewinnen.

Die Wirkungen

Die chemische Besonderheit von 5-HTP besteht darin, dass seine Moleküle – im Unterschied zu vielen anderen Wirkstoffen – klein genug sind, um in das Gehirn vorzudringen und dort den Pegel an Serotonin anzuheben. Der Botenstoff Serotonin spielt in unserem Gefühlsleben eine Schlüsselrolle; einige Wissenschaftler bezeichnen es auch als Gute-Laune-Hormon.

Zu 5-HTP liegen jedoch nicht nur pharmazeutische, sondern auch Studien am Menschen vor. Und auch die geben deutliche Hinweise darauf, dass der Stoff als Antidepressivum ähnlich wirksam ist wie zahlreiche synthetische Stimmungsaufheller – ohne deren Nebenwirkungen zu haben. Darüber hinaus stabilisiert eine 5-HTP-Dosis kurz vor dem Zubettgehen die Traum- und Tiefschlafphasen, so dass man am Morgen wieder erfrischt und tatkräftig den Tag beginnen kann.

Eine Studie der Universität Rom zeigte außerdem, dass 5-HTP – kurz vor den Mahlzeiten eingenommen – den Appetit bremst. Die italienischen Wissenschaftler empfehlen daher seinen Einsatz bei der Behandlung von Diabetikern, um sie vor dem Heißhunger auf Süßes zu schützen. Die Hemmung des Appetits unterstützt natürlich auch viele Diätwillige.

Hier hilft 5-HTP

- Depressionen und depressive Verstimmungen
- Fibromyalgie
- Heißhunger auf Süßes
- Nikotinentwöhnung

- Prämenstruelle Beschwerden (PMS)
- SAD (Winterdepression)
- Schlafstörungen
- Übergewicht

Übergewicht reduzieren mit 5-HTP

Allein aus der Tatsache, dass 5-HTP das Hormon Serotonin unterstützt und dieses Hormon eine wichtige Rolle beim Hungerempfinden spielt, lässt sich schließen, dass das Präparat möglicherweise auch bei der Reduktion von Übergewicht helfen kann. Und in der Tat weisen mehrere Studien genau in diese Richtung.

Bereits Anfang der 1970er Jahre stellten Wissenschaftler bei Untersuchungen im Labor fest, dass Ratten, die gezielt gemästet wurden, ihren unbändigen Appetit einem Mangel von Serotonin verdankten.

Verabreichte man den Ratten 5-HTP, erhöhte sich ihr Serotoninspiegel, und gleichzeitig reduzierte sich der Appetit der Tiere. Offenbar verspürten die Ratten im Unterschied zu vorher nach Verabreichung des Präparats schon wesentlich früher ein Sättigungsgefühl.

5-HTP steigert den Serotoninspiegel in unserem Gehirn. Hier stellt sich die Frage, warum man dem Körper nicht gleich das Gute-Laune-Hormon Serotonin zuführt. Die Antwort: Serotonin schafft es durch die Blut-Hirn-Schranke nicht dorthin, wo es gebraucht wird. Für 5-HTP ist diese Barriere hingegen kein Problem.

Auf die Signale des Körpers achten

Heute weiß man, dass auch bei Menschen der Zeitpunkt des Sättigungsgefühls eine entscheidende Rolle beim Körpergewicht und bei dem Erfolg einer Diät spielt.

Übergewichtige Menschen essen auch dann noch, wenn ihr Körper eigentlich gar keine Nahrung mehr braucht. Der Grund dafür liegt darin, dass bei diesen Menschen der Appetit später als bei anderen versiegt; sie verspüren auch dann noch Hunger, wenn es keinen physiologischen Grund mehr gibt, Nahrung aufzunehmen.

Mit 5-HTP und seinem Einfluss auf das Serotoninsystem kann diesem Spätzünder in Sachen Sättigungsgefühl auf die Sprünge geholfen werden. Wie wirksam dieser Effekt ist, wurde in zwei klinischen Studien der Universität Rom gezeigt. In der einen Untersuchung senkten die Testpersonen ihren Kohlenhydratkonsum mit Hilfe von 5-HTP von 274 Gramm auf 176 Gramm pro Tag, in der anderen Studie senkten sie ihr Körpergewicht binnen sechs Wochen um 3,5 Kilogramm und binnen zwölf Wochen um 10,3 Kilogramm.

Mögliche Nebenwirkungen

5-HTP besitzt Ähnlichkeiten mit dem Wirkstoff L-Tryptophan, der aufgrund seiner schweren Nebenwirkungen – es gab sogar bereits 30 Todesfälle – von den Gesundheitsbehörden der USA wieder aus dem Verkehr gezogen wurde. Laut unabhängiger Untersuchungen soll 5-HTP allerdings nicht annähernd diese Gefährlichkeit besitzen.

Nichtsdestoweniger existieren vereinzelte Fallberichte zu Muskel- und Gelenkschmerzen sowie zu anormalen Blutbildern, die parallel zu einer Behandlung mit 5-HTP aufgetreten sind. Inwieweit diese Beschwerden aber tatsächlich durch den pflanzlichen Wirkstoff verursacht wurden, konnte nicht zweifelsfrei geklärt werden.

Vorsichtshalber empfehlen Wissenschaftler jedoch, bei der Anwendung von 5-HTP nicht leichtsinnig zu sein. Von hohen Tagesdosierungen, d. h. Dosierungen von 750 bis 900 Milligramm – wie sie von einzelnen Ärzten verschrieben werden – sollte Abstand genommen werden. Außerdem sollte 5-HTP keinesfalls mit anderen auf die Psyche wirkenden Medikamenten kombiniert werden.

5-HTP-Präparate kann man auch via Internet beziehen. Hiervor sei jedoch ausdrücklich gewarnt, da diese Produkte zum Teil verunreinigt und in ihrer Wirkung nicht abzuschätzen sind.

Anwendung und Dosierung

5-HTP wird ausschließlich als Präparat eingenommen. Als Tagesdosis werden 300 Milligramm empfohlen, aufgeteilt auf 3 separat einzunehmende Einheiten.

Einkauf

In den USA wird 5-HTP auf dem so genannten Health-Food-Markt verkauft – man kann es dort also als Nahrungsergänzung ohne Beschränkungen einkaufen. In der Schweiz ist 5-HTP als »Tript-OH« gegen Schlafstörungen, Migräne und Depressionen erhältlich. In Deutschland wird es für ein eng begrenztes Anwendungsgebiet unter dem Namen »Levothym« verkauft. Das Präparat ist rezeptpflichtig, seine Einnahme ist deshalb vorher mit dem Arzt abzusprechen.

Frauen-
krankheiten

Erkrankungen, die naturgemäß ausschließlich Frauen betreffen – unter ihnen vor allem das prämenstruelle Syndrom (PMS) und Wechseljahrebeschwerden –, wurden lange Zeit als bloße Stimmungsschwankungen abgetan. Die betroffenen Frauen leiden jedoch nicht nur an einer erhöhten Reizbarkeit und Nervosität; zu den vielfältigen Symptomen gehören auch unangenehme Brust- und Rückenschmerzen, Schlaflosigkeit und – bei älteren Frauen – sogar ein zunehmender Knochenabbau. Viele Biostoffe, die sowohl in der Nahrung als auch in zahlreichen Heilpflanzen wie Mönchspfeffer oder Traubensilberkerze enthalten sind, können den Frauen dabei helfen, das Leben wieder unbeschwerter zu genießen.

Menstruations- und Wechseljahrebeschwerden

Helmkraut (Scutellaria lateriflora)

Helmkraut wurde in den USA einige Zeit lang als Marihuana-ersatz geraucht; dadurch kam es etwas in Verruf. Tatsache ist je-doch, dass es auf eine lange Tradition als Beruhigungsmittel und Nerventonikum zurückblicken kann. Außerdem wurde es in Reinigungszeremonien angewendet, die beim Brechen von Menstruationstabus abgehalten wurden – ein deutlicher Hin-weis auf die psychohygienischen Kräfte, die in der Pflanze schlummern, und auf ihre möglichen Heilkräfte bei Frauen-krankheiten.

Botanische Merkmale

Das Helmkraut stammt aus Nordamerika und wird daher auch als Virginiahelmkraut bezeichnet. Es wächst an feuchten Plätzen und braucht viel Sonne. Medizinisch verwendet werden die Sprossteile der Pflanze.

Die Wirkungen

Beruhigende und angstlösende Flavonoide

Das Helmkraut enthält zahlreiche Flavonoide, unter ihnen vor allem Scutellarin, das im Labor beruhigende und krampflösen-de Effekte aufzeigte.

Die so genannten Physiomedikalisten (d.h. Anhänger einer angloamerikanischen Richtung innerhalb der Pflanzenheilkun-de) etablierten Helmkraut als nervenstärkendes Mittel. Sie er-kannten, dass die Heilpflanze eine besondere Wirkung auf das Nervensystem hat, und verwendeten es gegen Hysterie, Epilep-sie, Tollwut und Schizophrenie – eine Indikationsliste, bei der allerdings wohl die tatsächlichen Möglichkeiten der Heilpflanze überschätzt werden.

Chancenreicher scheint da schon das Helmkraut als »Frauen-kraut« zu sein. Die Cherokeeindianer benutzten es, um Mens-truationen zu stimulieren, Brustschmerzen zu lindern und den

Helmkraut ist in unseren Breiten als psychoaktive Pflanze kaum bekannt. Da-bei besitzt es eine Reihe von Möglich-keiten, auch in der Frauenheilkunde.

Ausstoß der Nachgeburt zu fördern. Amerikanische Naturärzte verwenden Helmkraut gerne in Kombination mit klassischen »Frauenpflanzen« wie dem Mönchspfeffer zur Behandlung von prämenstruellen Beschwerden.

Eine Mischung von Helmkraut und Passionsblume (zu gleichen Teilen) hilft als Teeaufguss besonders gut gegen Alpträume. Trinken Sie den Tee etwa eine Stunde vor dem Schlafengehen.

Hier hilft Helmkraut

- Alpträume
- Herzklopfen
- Krämpfe während der Monatsblutung
- Muskelverspannungen
- Prämenstruelle Beschwerden
- Nervöse Unruhe und Gereiztheit

- Schlafstörungen
- Spannungskopfschmerzen
- Überlastung infolge von Stress
- Unregelmäßiger Menstruationszyklus
- Allgemeine Wechseljahrebeschwerden
- Nervenschwäche

Mögliche Nebenwirkungen
Nebenwirkungen sind bislang keine bekannt.

Anwendung und Dosierung
Die Anwendung erfolgt als Tee. 1 Teelöffel Helmkraut mit 1 Tasse kochendem Wasser überbrühen und mindestens 10 Minuten ziehen lassen. Die empfohlene Tagesdosis beträgt 1 Tasse des Helmkrauttees.

Einkauf
Helmkraut ist vereinzelt in einigen Apotheken sowie im ethnobotanischen Fachhandel erhältlich (Adressen Seite 164 unter Bezugsquellen).

Mönchspfeffer (Agnus castus)

Der Mönchspfeffer wird bereits in Homers »Ilias« aus dem 6. Jahrhundert v. Chr. als Symbol der Keuschheit und als Mittel zur Abwehr des Bösen erwähnt. Wie schon sein Zweitname »Keuschlamm« andeutet, glaubte man, die Pflanze könne die sexuellen Begierden dämpfen – und daher wurde sie als

»Mönchspfeffer« von den Geistlichen des Mittelalters gekaut. Aus heutiger Sicht weiß man, dass er tatsächlich in den menschlichen Hormonhaushalt eingreift. Allerdings nutzt der Mönchspfeffer mehr den Frauen als den Männern.

Botanische Merkmale

Der Mönchspfeffer zählt zu den Laubbäumen. Er wird bis zu sieben Meter groß, typisch für ihn sind seine palmenförmigen Blätter. Er wächst überwiegend im Mittelmeerraum. Therapeutisch genutzt werden seine Früchte (Fructus Agni casti).

Die Wirkungen

Bremse für überschießende Hormone

Wissenschaftler fanden heraus, dass Frauen mit prämenstruellen Beschwerden unter Stress und Hunger, aber auch im Tiefschlaf große Mengen an Prolaktin ausschütten. Dieses Hormon wird in der Hirnanhangsdrüse gebildet und sorgt bei einer Überdosis für Beschwerden wie Brustspannen und Reizbarkeit. Normalerweise werden Prolaktine durch bestimmte Botenstoffe, die Dopamine, in Schach gehalten, doch dieses dopaminerge System scheint bei Frauen mit PMS nicht richtig zu funktionieren. Genau hier setzt der Mönchspfeffer an. Er enthält Substanzen, die als so genannte Dopaminantagonisten arbeiten, den Körper also dabei unterstützen, die überschießenden Prolaktine wieder unter Kontrolle zu bringen.

Das Hormon Prolaktin regt das Wachstum und die Milchproduktion der weiblichen Brustdrüsen an. Für Schwangerschaft und Stillzeit ist es also absolut unentbehrlich. Wird es jedoch in den übrigen Zeiten in großen Mengen ausgeschüttet, sorgt es für die typischen Symptome des prämenstruellen Syndroms.

Beim Mönchspfeffer fallen besonders die dichten Blütenstände mit ihren hellblauen Blüten auf. Die daraus entstehenden Früchte finden heute vielfach Anwendung in der Frauenheilkunde.

Klinisch belegt

Mönchspfeffer konnte seine Wirkungen bei PMS mittlerweile auch in klinischen Studien unter Beweis stellen. Er muss demzufolge zu den effektivsten Heilmitteln dieser Krankheit gezählt werden. Welche seiner Inhaltsstoffe allerdings genau für diesen Effekt zuständig sind, ist nicht bekannt. Hier zeigt sich wieder einmal, dass immer die ganze Pflanze wirkt und dass dies pharmazeutisch nicht unbedingt erklärbar sein muss.

Bei einer Abmagerungskur verstärken sich PMS-Symptome für gewöhnlich. Hunger reizt die Hirnanhangsdrüse zu einer verstärkten Ausschüttung des PMS-Hormons Prolaktin.

Gegen Unfruchtbarkeit und Menstruationsprobleme

Mönchspfeffer steigert die Leistungsfähigkeit des Gelbkörperorgans (Corpus luteum), das im Eierstock das Geschlechtshormon Progesteron produziert. Da Progesteron an praktisch allen Fortpflanzungsfunktionen des weiblichen Körpers beteiligt ist, wird Mönchspfeffer hierdurch zu einem chancenreichen Heilmittel bei Menstruationsstörungen, Trockenheit der Scheide und Unfruchtbarkeit.

Darüber hinaus hilft er auch Frauen, die immer wieder frösteln, selbst unter sommerlichen Bedingungen – denn Progesteron steigert die Körpertemperatur.

Hier hilft Mönchspfeffer

- Prämenstruelles Syndrom mit Brustspannen, Reizbarkeit, Kopfschmerzen, Unterleibskrämpfen, Frösteln und Stimmungsschwankungen

- Unregelmäßige Monatsblutungen

- Unfruchtbarkeit

- Trockenheit der Scheide

Mögliche Nebenwirkungen

In seltenen Fällen kommt es zu Hautausschlägen. Ansonsten sind bei bestimmungsgemäßem Gebrauch keine Nebenwirkungen zu befürchten.

Anwendung und Dosierung

Offene Samen

Die übliche Anwendung des Mönchspfeffers erfolgt als Teeaufguss. 1 Teelöffel der Früchte mit 1 Tasse kochendem Wasser überbrühen, 12 bis 15 Minuten zugedeckt ziehen lassen. Trinken Sie davon 3 Tassen pro Tag.

Extrakte

Mönchspfeffer gibt es in Form zahlreicher Extrakte. Monopräparate sind Agnolyt, Agnucaston, Castufemin N, Cefanorm forte, Gynocastus, Hewekliman und Strotan. Darüber hinaus gibt es Kombipräparate, oft mit Traubensilberkerze: Agnus castus-Hevert und Bomaklim. Ein gut erforschtes Präparat ist außerdem Mastodynon aus homöopathischen Zubereitungen von Agnus castus und mehreren anderen Pflanzen. Auch Trockenextrakte in alkoholischer Lösung sind vereinzelt im Handel zu finden. Sie werden zur Steigerung der Stillleistung eingesetzt. Die Dosierungen richten sich nach den Packungsbeilagen.

Einkauf

Die offenen Samen des Mönchspfeffers gibt es im ethnobotanischen Fachhandel (Adressen Seite 164 unter Bezugsquellen). Präparate von Agnus castus sind in Apotheken erhältlich.

Nachtkerze (Oenothera biennis)

Die ursprüngliche Heimat der Nachtkerze ist Nordamerika. Sie galt lange Zeit als Wundheilmittel, wobei man die zerriebenen Blätter der Pflanze auf die Verletzungen legte. Von größerer Bedeutung ist jedoch das Öl aus den Samen, das durch Kaltpressung gewonnen wird. Es ist mittlerweile in der Naturmedizin fest etabliert.

Erste Hinweise auf die heilende Wirkung von Nachtkerzenöl finden sich bei den kanadischen Algonkinindianern. Sie zerstampften die ölhaltigen Samen der Pflanze und rieben den Brei bei Ausschlägen auf die Haut.

Botanische Merkmale

Die Gemeine Nachtkerze wird bis zu einem Meter hoch, sie wächst weitgehend unverzweigt kerzengerade in die Höhe. Ihre ursprüngliche Heimat ist Nordamerika, zu Beginn der 17. Jahrhunderts kam sie nach Europa. Mittlerweile wird sie jedoch gewerblich fast in allen gemäßigten Klimazonen angebaut.

Die Wirkungen

Stabilisierend für das hormonelle Gleichgewicht

Das Öl der Nachtkerzensamen enthält zahlreiche B-Vitamine sowie Kalzium und Magnesium. Von großer Bedeutung sind ihre essenziellen Fettsäuren, denen bei der Immunabwehr sowie der Nahrungsverwertung eine entscheidende Rolle zukommt.

Nachtkerzenöl hilft auch bei PMS. Offenbar stellen die Fettsäuren der Nachtkerze das gestörte Hormongleichgewicht der betroffenen Frauen wieder her. Behandlungserfolge wurden mit Nachtkerzenöl auch bei menstruellen Beschwerden erzielt. Typische Symptome wie Hitzewallungen, Angstzustände, Brustschmerzen und mangelndes sexuelles Interesse wurden deutlich gelindert, wofür neben den Fettsäuren auch der hohe Magnesiumanteil des Öls verantwortlich ist.

Der Einsatz von Nachtkerzenöl bei Frauenbeschwerden ist durch klinische Studien belegt. Ärzte der Universität von Wales diagnostizierten bei Blutuntersuchungen von Frauen mit Mastopathie (Brustschmerzen) eine Unterversorgung mit essenziellen Fettsäuren. Man verabreichte den Patientinnen Nachtkerzenöl, mit der Folge, dass der Wert an essenziellen Fettsäuren deutlich anstieg und auch die Beschwerden zurückgingen.

Am St. Thomas Hospital in London wurden 65 Frauen mit PMS Präparate des Nachtkerzenöls verabreicht. Bei 61 Prozent der behandelten Frauen verschwanden die Beschwerden ganz, bei 22 Prozent teilweise.

Nachtkerzenöl und die aus ihm hergestellten Präparate werden bei Zimmertemperatur schnell ranzig. Sie sollten daher besser im Kühlschrank aufbewahrt werden.

Neurodermitis und rheumatische Erkrankungen

Darüber hinaus hilft Nachtkerzenöl bei Neurodermitis, einer Hauterkrankung, die eng mit dem psychischen Befinden verknüpft ist. Das Öl versorgt die Patienten mit Gamma-Linolensäure, die für den Aufbau des körpereigenen Hautschutzfilms benötigt wird.

Schließlich unterdrückt der hohe Gamma-Linolensäureanteil der Nachtkerze auch rheumatische Entzündungsprozesse, da er im Körper in die Prostaglandine E1 und E3 umgewandelt wird, die ihren reiz- und schmerzfördernden Kollegen Prostaglandin E2 von den Schmerzfühlern verdrängen.

Hier hilft Nachtkerzenöl

- Allergien
- Psychisch mitbedingte Hauterkrankungen, wie z. B. Neurodermitis
- Prämenstruelles Syndrom (PMS)
- Beschwerden während der Monatsblutung
- Beschwerden infolge von Erkrankungen aus dem rheumatischen Formenkreis
- Allergisches Asthma

Die Volksmedizin kennt Tee aus den Blättern der Nacht-kerze als Mittel gegen Durchfall.

Hilfe bei Hyperaktivität?

In England kursieren seit einiger Zeit Berichte, wonach hyper-aktiven Kindern durch eine Kombination aus Nachtkerzenöl und einer phosphatarmen und Vitamin-B-reichen Diät geholfen wurde. Wissenschaftlich fundiert sind diese Berichte jedoch nicht. Im Gegenteil: Die Ernährung spielt nach aktuellem Kenntnisstand bei der Entstehung von Hyperaktivität keine son-derliche Rolle; die Chancen von Nachtkerzenöl müssen demzu-folge als gering eingestuft werden.

Mögliche Nebenwirkungen

In seltenen Fällen kommt es zu Übelkeit, Verdauungsstörungen, Kopfschmerzen und Überempfindlichkeitsreaktionen.

Anwendung und Dosierung

Nachtkerzenöl wird in der Regel in Form von Kapseln verab-reicht, man erhält aber auch das reine Öl. Mit der Wirkung ist je-doch erst nach 4- bis 12-wöchiger Anwendung zu rechnen. Die üblichen Dosierungsempfehlungen liegen zwischen 2 und 3 Gramm Nachtkerzenöl pro Tag, verteilt auf 2 bis 3 Einheiten. Präparate: Arkocaps Nachtkerzenöl, Efamol, Epoc 500 Kapseln, Epogam, Gammacur Kapseln, Neobonsen Kapseln, Primroseöl Kapseln comp., Promens Kapseln und Unigamol. Reines Nacht-kerzenöl von Aromara und Bioherba gibt es in Reformhäusern, von Audor-Pharma und Bergland-Pharma in Apotheken.

Wer die Nachtkerze selbst anbauen kann, verzichtet am besten auf die Einnahme von Kapseln und kaut den Samen der heilkräftigen Pflanze direkt. Die Dosie-rung beträgt etwa einen Teelöffel pro Tag.

Einkauf

Nachtkerzenöl und seine Präparate erhält man mittlerweile in Apotheken, Naturkostläden, Drogerien, Reformhäusern und einigen Kaufhäusern.

Traubensilberkerze (Cimicifuga racemosa)

Die Traubensilberkerze gehörte zum Arzneischatz der indianischen Medizinmänner, die den geschnittenen Wurzelstock der Pflanze für die unterschiedlichsten Krankheiten verwendeten, von Wechseljahrebeschwerden über rheumatische Beschwerden bis zu Nierenerkrankungen. In die wissenschaftliche Medizin wurde sie erst 1823 eingeführt; allerdings hielt man sie damals noch für ein Heilmittel gegen Schwindsucht (Tuberkulose). Dies können heutige Wissenschaftler nicht mehr bestätigen. Dafür schätzen sie aber die östrogenähnlichen Wirkungen der Traubensilberkerze bei Wechseljahrebeschwerden.

Stehen bei Wechseljahrebeschwerden psychische Komponenten wie Niedergeschlagenheit und Reizbarkeit im Vordergrund, empfiehlt sich eine Kombination aus Traubensilberkerze mit Johanniskraut. Beide Heilpflanzen ergänzen sich gegenseitig in ihren psychoaktiven Wirkungen.

Botanische Merkmale

Die Traubensilberkerze wächst wild in Kanada und im Osten der USA. Mittlerweile wird sie aber auch in Europa angebaut. Therapeutisch verwendet werden ihre Wurzeln. Diese schmecken und riechen im frisch geernteten Zustand zwar sehr unangenehm, doch nach dem Trocknen sind sie durchaus genießbar.

Die Wirkungen

Pflanzliche Östrogene

In der Behandlung von Wechseljahrebeschwerden setzen viele Ärzte nach wie vor auf eine Therapie mit Östrogen. Die Behandlung mit diesem – meist aus Tieren gewonnenem – Geschlechtshormon ist umstritten, vor allem ist das mit ihnen verbundene Krebsrisiko schwer einzuschätzen.

Eine Alternative dazu ist eine Behandlung mit pflanzlichen Östrogenen. Eine der ergiebigsten Quellen für diese Stoffe ist die Traubensilberkerze. Sie konnte in mehreren Studien beweisen, bei Wechseljahrebeschwerden ähnlich wirksam zu sein wie die klassischen Östrogenanwendungen; ihr Risiko ist in jedem Fall aber deutlich geringer. Laborstudien lassen sogar einen Krebs hemmenden Effekt von Cimicifuga vermuten.

Hier hilft Traubensilberkerze

- Menstruationsbeschwerden
- Prämenstruelles Syndrom
- Wechseljahrebeschwerden mit Hitzewallungen, Schweißausbrüchen, depressiven Verstimmungen, Reizbarkeit,

Schlaflosigkeit, Konzentrationsschwäche und nervöser Unruhe
- Osteoporose
- Bluthochdruck
- Tinnitus

Mögliche Nebenwirkungen

In hohen Dosierungen führt die Traubensilberkerze zu Schwindel, Übelkeit, Kopfschmerzen und Gliederzittern. Bei bestimmungsgemäßem Gebrauch sind keine Nebenwirkungen zu erwarten.

Anwendung und Dosierung

Abkochung

1 Teelöffel getrocknete Wurzeln der Pflanze in 200 Milliliter Wasser aufkochen und 10 bis 15 Minuten bei geringer Hitze kochen lassen. Anschließend abseihen. Trinken Sie davon 2 bis 3 Tassen pro Tag.

Tinktur

50 Gramm getrocknete und zerkleinerte Cimicifugawurzeln mit 250 Milliliter Alkohol (z. B. 40-prozentigem Wodka) mischen. Gut durchschütteln und 12 bis 14 Tage an einem kühlen Ort stehen lassen. Nach dem Ziehenlassen die Mischung durch ein Leinentuch in ein Glas gießen, den Wurzelrückstand dabei gut auspressen. Verteilen Sie die Cimicifugatinktur auf saubere, dunkle Glasflaschen.
Anwendungsempfehlung: Bei Wechseljahrebeschwerden 3-mal täglich 40 Tropfen der Tinktur auf 100 Milliliter Wasser geben und trinken. Die tägliche Dosis sollte 2 Milliliter Tinktur nicht überschreiten.

Einkauf

Offene Wurzeln der Traubensilberkerze sowie ihre Präparate gibt es in Apotheken.

Dominieren bei Wechseljahrebeschwerden Hitzewallungen und Schweißausbrüche, kann die Traubensilberkerze mit Salbei kombiniert werden. Salbei stabilisiert unsere Temperaturregulation, darüber hinaus hemmt er die Arbeit unserer Schweißdrüsen.

Potenzschwäche und sexuelle Unlust

Die meisten Männer, die an Erektionsstörungen oder ähnlichen Problemen leiden, fühlen sich in ihrer Männlichkeit gekränkt und zu beschämt, um offen darüber zu reden. Da Schwierigkeiten auf sexuellem Gebiet überwiegend psychischen Ursprungs sind, gelingt es den Männern nicht, den Teufelskreis von Potenzschwäche und Scham zu durchbrechen. Sexuelle Unlust, von der mindestens ebenso viele Frauen wie Männer betroffen sind, geht oft mit anderen Erschöpfungszuständen einher. Auch hier gilt: Setzt man mit der Beseitigung des Problems dort an, wo es entsteht, nämlich im Kopf, sind die Aussichten auf Erfolg recht groß. Pflanzen wie Iboga, Bischofsmütze oder Potenzholz können auf eine lange Tradition als potenzfördernde Mittel zurückblicken.

Für ein erfülltes Sexualleben

Bischofsmütze (Epimedium sagittatum)

Die Blätter der Bischofsmütze gehören zu den Medikamenten der traditionellen chinesischen Medizin. Als Heilmittel wurde die unscheinbare Pflanze angeblich von einem Ziegenhirten entdeckt, dem auffiel, dass seine Ziegenböcke zu regelrechten sexuellen Ausschweifungen angestachelt wurden, wenn sie von dem Kraut gefressen hatten. Gleichgültig, ob diese Geschichte wahr oder erfunden ist – sie zeigt deutlich die therapeutische Richtung der Bischofsmütze.

Botanische Merkmale

Die Bischofsmütze wächst in Japan und China. Typisch für die heilkräftige Pflanze sind ihre kriechenden Wurzeln, die von einem feinen Härchenflaum bedeckt sind. Medizinisch verwendet werden die Blätter.

Die Wirkungen

Hormonähnliche Effekte

Hauptwirkstoffe der Bischofsmütze sind Alkaloide und Glykoside. Die Alkaloide besitzen in erster Linie eine psychisch anregende Wirkung, während die Glykoside zu hormonellen Veränderungen führen. Labortiere, denen man Extrakte der Bischofsmütze verabreichte, zeigten nicht nur eine deutlich erhöhte Samenproduktion, sondern auch eine verstärkte Libido: Sie kopulierten unter dem Einfluss des Extrakts deutlich öfter als die Tiere einer Kontrollgruppe.

Die Bischofsmütze wirkt als Sympathikolytikum, sie hemmt also die Arbeit des sympathischen Anteils des vegetativen Nervensystems. Die Folge: Die Durchblutung der äußeren (peripheren) Gewebeschichten nimmt zu, außerdem sinkt der Blutdruck. Der Anwender spürt eine wohlige Wärme in der Haut und einen deutlichen Blutzufluss in Richtung Geschlechtsorgane. Interessanterweise scheint die Bischofsmütze jedoch auch die Durch-

Tee aus Bischofsmützenblättern schmeckt ausgesprochen scharf. Kein Wunder, dass er von der traditionellen chinesischen Medizin bei Erkrankungen eingesetzt wird, die durch psychische und körperliche Kälte ausgelöst werden.

blutung des Gehirns zu fördern. Die Pflanze wirkt demnach sexuell anregend, ohne dabei den Geist zu vernebeln. In der traditionellen chinesischen Medizin wird sie deshalb auch zur Behandlung von Gedächtnisschwäche eingesetzt.

Hier hilft Bischofsmütze

- Bluthochdruck
- Gedächtnisschwäche
- Konzentrationsschwäche
- Mangelnde Fruchtbarkeit
- Potenzschwäche
- Sexuelle Unlust

Im Unterschied zu den meisten anderen Potenzmitteln erzielt die Bischofsmütze keine spontane Wirkung. Sie ist ein Heilmittel für die Langzeitanwendung. Die ersten Ergebnisse zeigen sich mitunter erst nach zwei Wochen.

Mögliche Nebenwirkungen

Nebenwirkungen sind bislang bei bestimmungsgemäßer Anwendung keine bekannt.

Anwendung und Dosierung

Tinktur

80 Gramm der Blätter in 1 Liter 40- bis 45-prozentigen Wodka 1 Monat lang ziehen lassen. Anschließend abseihen und den Restalkohol aus den Blättern herauspressen. Die Tinktur in lichtundurchlässige Flaschen füllen.

Nehmen Sie von der Bischofsmützentinktur 2-mal pro Tag etwa 1 Teelöffel ein, den ersten Löffel am besten noch vor dem Frühstück.

Bei dieser Heilpflanze wird auf den ersten Blick deutlich, wie sie zu ihrem Namen »Bischofsmütze« gekommen ist.

Abkochung

10 Gramm der Bischofsmützenblätter mit 1 Liter Wasser in einem Topf mit geschlossenem Deckel aufkochen. Die Blätter bei geringer Hitze weiter kochen lassen, bis sich das Volumen der Flüssigkeit um etwa 1/3 verringert hat. Anschließend abseihen. Trinken Sie den Tee in kleinen Schlucken, verteilt auf 3 Portionen pro Tag.

Einkauf

Sie erhalten die Blätter der Bischofsmütze im Fachhandel für traditionelle chinesische Medizin (Adressen Seite 164 unter Bezugsquellen).

Damiana (Turnera diffusa)

Damiana ist eine der ältesten Heilpflanzen der Indianermedizin. Sie wird dort schon seit Jahrhunderten zur Behandlung von Nervenleiden und Muskelschwäche eingesetzt. In mehrtägigen Kuren soll sie Frauen bei Unfruchtbarkeit und Gebärmutterschwäche und Männern bei Impotenz und Zeugungsschwäche helfen.

Der Name der Pflanze stammt der Sage nach wohl vom heiligen Damian, dem Schutzpatron der Apotheker. Die Volksnamen des Krauts, von dem lediglich die oberirdischen Teile verwendet werden, sprechen für sich. Sie reichen von harmlosen Bezeichnungen wie »Oreganillo« (kleiner Oregano) und »Pastorcita« (kleine Hirtin) bis zu deftigeren Ausdrücken wie »Hierba del Venado« (Kraut des Hirschs) und »Rompe camisa macho« (»Zerreißt dem Mann das Hemd!«). Nicht zu vergessen schließlich, dass Damiana in der indianischen Volksmedizin auch zur Kräftigung nach längeren Krankheiten und schweren Operationen eingesetzt wird.

Botanische Merkmale

Damiana wird botanisch erstmals im Jahr 1820 beschrieben. Das gelb blühende Kraut wird etwa 30 Zentimeter hoch, kann aber unter günstigen Bedingungen auch über einen Meter in die Höhe wachsen. Damiana wächst von Kalifornien über Mexiko bis nach Argentinien. Therapeutisch verwendet wird das ganze oberirdische Kraut ohne Wurzeln.

Mitunter werden auch andere Kräuter unter dem Namen »Damiana« angeboten, wie etwa Turnera pumilla und Turnera ulmiflia sowie Haplopappus discoideus und Haplopappus laricifliius. Typisch für die echte Damianapflanze sind ihre graublau schimmernden, lanzettförmigen und gezackten Blätter.

135

Hier hilft Damiana

- Körperliche und geistige Abgeschlagenheit
- Menstruationsschmerzen
- Nervöse Erschöpfung

- Potenzschwäche
- Prostataschwäche
- Sexuelle Unlust bei Männern und Frauen

Die Wirkungen

Kräftigende Öle und Bitterstoffe

Damiana ist eine der wichtigsten indianischen Heilpflanzen, die beispielsweise in Mexiko unter einem Dutzend verschiedener Bezeichnungen auf dem Markt ist.

Damiana enthält den Bitterstoff Damianin sowie ätherische Öle, braunes Harz, Tannin und große Mengen an Stärke und Chlorophyll, die möglicherweise die kräftigenden und aufbauenden Effekte des Krauts erklären. Für die potenzstärkenden und aphrodisierenden Wirkungen von Damiana gibt es noch keine chemische Erklärung.

Nichtsdestoweniger konnte in einer Laborstudie nachgewiesen werden, dass Damiana sanft anregend auf das zentrale Nervensystem wirkt. In einem wissenschaftlichen Test, bei dem zahlreiche Pflanzen mit potenzsteigerndem und aphrodisierendem Ruf miteinander verglichen wurden, schnitt Damiana am besten ab. Patienten mit Potenzstörungen, die das Kraut anwendeten, berichten, dass sie deutlich spüren, wie sich der Blutfluss zum Unterleib verbessert. Interessanterweise hilft Damiana nicht nur Männern mit Potenzstörungen. Auch für Frauen ist die Anwendung der Pflanze durchaus geeignet, da sie nicht nur die Libido fördert, sondern auch bei Menstruationsbeschwerden hilft. In Mexiko gibt es das milde Aphrodisiakum als Likör im Handel.

Mögliche Nebenwirkungen

Bei normaler Dosierung (zwei Esslöffel pro Tag) sind keine Nebenwirkungen zu befürchten. Es wird jedoch generell empfohlen, das Kraut nicht länger als drei Wochen anzuwenden. Die nächste Anwendungskur sollte erst wieder nach einer gleich langen Pause erfolgen.

Bei blutarmen Menschen können die Damianatannine durch ihren eisenraubenden Effekt die Blutarmut verschlimmern (dies gilt natürlich nicht für die Räucheranwendung!). In überhöhten Dosierungen (mehr als drei Esslöffel pro Tag) kommt es bei innerlicher Anwendung zu Krämpfen.

Anwendung und Dosierung

Tee

2 Esslöffel des Krauts mit 1/2 Liter Wasser aufkochen, anschließend 5 Minuten ziehen lassen. Trinken Sie davon bei Bedarf. Die mild euphorisierende und aphrodisierende Wirkung von 1 Tasse Damianatee hält etwa 1 1/2 Stunden an.

Damianaschnaps

Zutaten (für 1 Flasche): 1 Flasche (0,7 l) weißer Rum • 20 g Damianakraut • 20 g Sabalfrüchte • 2 Vanilleschoten • 4 Zimtstangen
2 g Macisblüte • 0,5 g Galgantwurzel
Zubereitung: Die Zutaten vermischen, 10 Tage lang zugedeckt im Dunkeln ziehen lassen, zwischendurch immer wieder gut durchschütteln. Anschließend abseihen, den Kräuterrückstand gut auspressen (dazu eignet sich beispielsweise eine Weinpresse). Dieser Kräuterschnaps hilft bei nervöser Erschöpfung sowie bei Impotenz und sexueller Antriebslosigkeit. Trinken Sie davon bei Bedarf, jedoch nicht mehr als 2 Schnapsgläser pro Tag.

Räucherware

Zum Räuchern von Damiana benötigen Sie eine feuerfeste Räucherschale und etwas Feuersand (oder notfalls Vogelsand) zum Füllen. In die Mitte der Schale wird eine bereits entzündete Holzkohletablette (2 bis 4 Zentimeter Durchmesser) auf den Sand gelegt. Auf diese Tablette werden ein paar Gramm des Damianakrauts gestreut. Wichtig: nach dem Räuchern sorgfältig lüften. Dadurch verschwindet der Rauch, und zurück bleibt der süßliche Damianaduft.

Homöopathie

Damiana ist ein traditionelles Mittel der Homöopathie. Als Präparate zur Behandlung von sexuellen Schwächen und Libidoverlust gibt es Becogyn Tropfen, Ginseng Komplex Truw und Virilis-Gastreu N R41. Die Dosierungen richten sich jeweils nach den Packungsbeilagen.

Einkauf

Damianakraut erhalten Sie im ethnobotanischen Fachhandel (Adressen Seite 164 unter Bezugsquellen). Die homöopathischen Präparate können in der Apotheke bestellt werden.

Beim Räuchern lässt der krautig-süßliche Duft von Damiana bereits erahnen, dass diese Pflanze die Liebe anregen soll. Verbrennen Sie jedoch nicht mehr als etwa zehn Gramm; in übergroßen Dosierungen können süße Düfte das Liebesfeuer auch zum Erlöschen bringen.

Iboga (Tabernanthe iboga)

Der Ibogastrauch wächst in Westafrika und hat dort auch eine lange Tradition als Stärkungsmittel. So wurden seine Wurzeln von den Jägern gekaut, um die langen Jagdausflüge besser zu überstehen. Es hieß, die Wurzel verleihe die Kraft, auf der Jagd nach den begehrten Löwentrophäen zwei Tage lang in Unbeweglichkeit verharren zu können.

1864 wurde erstmals in Europa von der Pflanze berichtet. Hier gerieten dann vor allem die aphrodisierenden Effekte der Pflanze in den Mittelpunkt des Interesses.

Botanische Merkmale

Der Ibogastrauch wird etwa zwei Meter hoch, er wächst eigentlich mehr im Schatten der sonstigen Urwaldbäume, die in ihrem Ehrgeiz, möglichst viel Licht abzubekommen, ganz andere Höhen erreichen müssen. Und wie es für Schattengewächse durchaus üblich ist, enthält auch Iboga zahlreiche Alkaloide – und diese sind wahrscheinlich hauptverantwortlich für die psychogenen Wirkungen der Pflanze.

In alten westafrikanischen Kulturen gilt der Ibogastrauch als Brücke zu den Ahnen. Und in der Tat: Er scheint in besonderem Maß unser Langzeitgedächtnis zu aktivieren und uns dabei helfen zu können, verdrängte Ängste und traumatische Erlebnisse zu verarbeiten.

Iboga wächst in Westafrika. Große Anbaugebiete finden sich in Gabun, Kamerun und Angola. Therapeutisch verwendet werden vor allem die Wurzeln.

Die Wirkungen

Visionen

Ibogawurzeln enthalten Alkaloide, unter ihnen dominieren Ibogain und Voacangin. Sie sorgen für starke, aber ruhige Visionen, in deren Zentrum oft die Erinnerung an verstorbene oder ins Unbewusste verdrängte Personen steht. Pharmazeutisch ist es durchaus vorstellbar, dass die Ibogaalkaloide Dinge aus unserem unbewussten Gedächtnis abrufen können.

Hierfür spricht auch die Tatsache, dass Iboga in hohen Dosierungen ähnliche Effekte zeigt wie LSD. Diese Droge wurde früher in der Psychotherapie dazu benutzt, traumatische Erlebnisse aus dem Unbewussten zu holen und dadurch für den Betroffenen leichter greifbar zu machen. Chilenische und Schweizer Psychiater verwendeten bereits den Ibogahauptwirkstoff Ibogain, um die Vorstellungs- und Ausdruckskräfte ihrer Patienten zu verbessern.

Aphrodisiakum

Zu den weiteren Einsatzgebieten von Iboga zählt die sexuelle Unlust. Iboga steigert die sexuelle Vorstellungskraft. Die Pflanze setzt also bei Potenzschwäche nicht medizinisch – wie etwa Yohimbe und Maca –, sondern in erster Linie psychisch an.

Mögliche Nebenwirkungen

Bei normaler Dosierung (nicht mehr als sechs Gramm pro Tag) sind kaum Nebenwirkungen zu erwarten. Höhere Dosierungen von mehr als zehn Gramm können zu Krämpfen und Lähmungen bis hin zum Atemstillstand führen. Bislang wurden aber Überlegungen, den Wirkstoff Ibogain unter das Betäubungsmittelgesetz zu stellen, nicht in die Tat umgesetzt. Der Grund: Ibogain ist nicht etwa Sucht erzeugend, sondern sogar Sucht hemmend. Wissenschaftliche Untersuchungen weisen darauf hin, dass das Alkaloid bestimmte Drogensüchte und deren Entzugssymptome lindert. In den USA existiert bereits ein Ibogainpatent zur medikamentösen Behandlung von Rauschgiftsüchtigen.

Die Ibogawurzel ist sicherlich nichts für den Anfänger. Sie besitzt bei hoher Dosierung enorme Risiken, muss also unbedingt präzise angewendet werden.

Hier hilft Iboga

- Psychisch-körperliche Erschöpfung

- Sexuelle Unlust bei Männern und Frauen

- Aufarbeitung verdrängter Erlebnisse bei Psychotherapien

- Therapie von Drogenabhängigkeit

Anwendung und Dosierung

Kauen

Die ursprünglichste Form der heilkundlichen Anwendung der Pflanze ist das Kauen. Die Wurzeln werden langsam zermalmt und dann geschluckt. Der Geschmack ist zwar recht bitter, man kann ihn allerdings mit etwas Honig mildern. Die Dosierung liegt pro Kaueinheit bei 1 Teelöffel, sollte pro Tag aber nicht mehr als 6 Gramm betragen.

Abkochung

1 Teelöffel der zerkleinerten Wurzel mit 1 Tasse Wasser aufkochen und 15 Minuten bei geringer Hitze kochen lassen. Anschließend abseihen. Trinken Sie davon 1 bis 2 Tassen pro Tag.

Volksmedizinische Anwendungen

In Westafrika wird die Ibogawurzel bei Fieber, Nervenschwäche und Bluthochdruck eingesetzt. Das Kauen der Wurzel soll außerdem bei Zahnschmerzen helfen. Im Kongo kam sie gegen die Schlafkrankheit zum Einsatz, allerdings ohne sonderlichen Erfolg.

Homöopathie

Iboga ist ein klassisches Heilmittel der Homöopathie. Gemäß dem homöopathischen Arzneimittelbild setzt man hier darauf, dass Iboga in stark verdünnter Form eben nicht Visionen auslöst, sondern dabei hilft, diese zu bekämpfen. Homöopathische Ibogatinkturen werden gerne zur Therapie vom Fieberdelirium eingesetzt sowie zur Behandlung von Überreiztheit und nervöser Unruhe.

Der Gebrauch von Ibogawurzeln birgt kein Suchtrisiko. Ganz im Gegenteil: Ibogain besitzt gute Chancen in der Therapie von Rauschgiftsüchtigen, da es die Entzugserscheinungen lindert.

Ibogawein

1 Flasche Rotwein mit 2 Teelöffeln getrockneter Ibogawurzel mischen. 1 Tag lang zugedeckt stehen lassen, danach abseihen. Trinken Sie davon 1 Glas pro Tag.

Einkauf

Ibogawurzeln sind im ethnobotanischen Fachhandel erhältlich (Adressen Seite 164 unter Bezugsquellen).

Maca (Lepidium Meynenii Walp)

Die Macapflanze wird schon seit über 2000 Jahren in den südamerikanischen Anden angebaut. Ihre Blätter werden dort immer noch in der Küche als Gemüse verwendet, die eigentlichen Stars sind aber die Wurzeln.

Macawurzeln wurden früher häufig bei Hochzeitsritualen eingesetzt, ihre positiven Wirkungen auf Potenz und Fruchtbarkeit sind legendär. Die alten spanischen Kolonialherren waren davon so begeistert, dass sie den Macaanbau enorm gefördert haben und die Wurzeln als Zaubermittel für die Liebe in ihre Heimat brachten.

Heute fristen Maca und die Zubereitungen der Pflanze in Europa eher ein Außenseiterdasein. Ein bedauerliches Versäumnis: Denn seit Ende der 1990er Jahre wurden zu der Pflanze in den

USA, Argentinien und Kanada auch diverse wissenschaftliche Studien betrieben – und die weisen darauf hin, dass Macawurzeln nicht nur bei Potenzschwäche und Unfruchtbarkeit helfen, sondern uns auch munterer und widerstandsfähiger gegenüber Stress machen.

Botanische Merkmale

Die eher unscheinbare Macapflanze ist eine Verwandte unserer bekannten Kresse. Sie wird nur etwa 20 Zentimeter hoch, doch dafür verfügt sie über außergewöhnlich kräftige Wurzelknollen, in denen auch die wichtigsten Wirkstoffe der Pflanze sitzen. Maca wächst in Südamerika, vor allem in den Bergen Perus. Sie gedeiht noch in Höhen von 3500 bis 4500 Meter über dem Meeresspiegel, in denen keine andere Kulturpflanze mehr zu finden ist.

Die Wirkungen

Fruchtbarkeitsfördernd

Macawurzeln enthalten eine ausgewogene Mischung von Proteinen, essenziellen Aminosäuren, Mineralien (vor allem Kalzium, Magnesium und Eisen) und sekundären pflanzlichen Inhaltsstoffen.

Zu den letzteren zählen die Isothiocyanate, die in diversen Versuchen ihre sexuell anregenden Wirkungen unter Beweis stellen konnten. Eine chemische Vorstufe der Isothiocyanate zeigte deutlich positive Effekte auf die Fruchtbarkeit.

Allgemeines Stärkungsmittel

Über die Steigerung der Fruchtbarkeit hinaus wirken Macawurzeln – ähnlich wie Ginseng – insgesamt als körperlich-psychisches Kräftigungsmittel. In der Volksmedizin werden die Wurzeln seit jeher zur Behandlung von Erschöpfung und Schwächezuständen eingesetzt.

Heute gelten Macawurzeln als chancenreiche Alternative im Kampf gegen chronische Erschöpfung; ihr hormonähnliches Wirkstoffprofil hilft außerdem bei prämenstruellen Beschwerden, Menstruationskrämpfen und Beschwerden während der Wechseljahre. Es regt aber auch das Muskelwachstum des Menschen an – ein Effekt, der in den USA oft von Kraftsportlern genutzt wird.

Die Macapflanze wächst in unwirtlichen Berghöhen, die kaum eine andere Pflanze überleben kann. Sie ist also offenbar biochemisch optimal ausgerüstet, um auch in Extremsituationen zu überleben. Diese biochemische Robustheit gibt Maca an uns weiter, wenn wir ihre Zubereitungen zu uns nehmen.

141

Hier helfen Macawurzeln

- Erschöpfungszustände
- Menstruationskrämpfe
- PMS (prämenstruelles Syndrom)
- Potenzschwäche

- Sexuelle Unlust
- Starke körperliche und psychische Belastungen
- Unfruchtbarkeit
- Wechseljahrebeschwerden

Mögliche Nebenwirkungen

Nebenwirkungen sind bislang keine bekannt.

Anwendung und Dosierung

Präparate

Mittlerweile gibt es hierzulande Maca auch in Form von Kapseln zu kaufen. Sie enthalten pro Stück 360 Milligramm Macapulver. Die Dosierung liegt bei 2 bis 3 Kapseln pro Tag.

Pulverisierte Wurzeln

5 Gramm des getrockneten Wurzelpulvers in Fruchtsaft, Joghurt oder Kefir verrühren. Empfohlene Tagesdosis: etwa 10 Gramm.

Einkauf

Wie Ginseng und Eleutherokokk gehört Maca zu den adaptogenen Heilpflanzen. Sie hilft uns also dabei, Stresssituationen körperlich und psychisch besser durchzustehen.

Die Präparate der Macawurzel kann man in Naturkostläden, Reformhäusern (Macandia Kapseln) und in Apotheken (Maca premium) kaufen. Getrocknete Macawurzeln als Ganzes oder pulverisiert gibt es in einigen ethnobotanischen Fachgeschäften (Adressen Seite 164 unter Bezugsquellen).

Muira puama (Ptychopetalum oleacoides)

Muira puama wird am Amazonas schon seit langem als Aphrodisiakum und Potenzmittel eingesetzt. In den 1920er Jahren wurde die Pflanze auch in der Naturheilkunde Nordamerikas und Europas bekannt, so richtig durchsetzen konnte sie sich allerdings nicht. In den letzten Jahren konnten Wissenschaftler, die sich mit der Pflanze beschäftigten, die anregenden Wirkungen von Muira puama allerdings bestätigen.

Botanische Merkmale

Muira puama – die Heilpflanze wird im Volksmund auch Potenzholz genannt – zählt mit fünf Meter Maximalhöhe eher zu den kleinwüchsigen Bäumen im brasilianischen Regenwald. Die kleinen, weißen Blüten der Pflanze duften nach Jasmin, mit dem sie jedoch ansonsten nichts gemeinsam hat. Therapeutisch verwendet werden Holz und Rinde.

Die Wirkungen

Klinisch belegtes Potenzmittel

Die lust- und potenzstabilisierenden Wirkungen von Muira puama sind klinisch belegt. In einer französischen Studie an 262 Patienten mit Impotenz und sexueller Unlust zeigte es sich wirksamer als Zubereitungen des Yohimbebaums, der gemeinhin als Klassiker in der Behandlung von Sexualstörungen gilt. Von den mit Muira puama behandelten Patienten mit sexueller Unlust berichteten 62 Prozent von deutlichen Besserungen ihres Zustands, von den Patienten mit Erektionsproblemen waren es 51 Prozent – eine Quote, die gerade bei dieser Problematik als sehr hoch einzustufen ist.

Als besonders positiv hervorzuheben ist weiterhin, dass in der Studie keinerlei Nebenwirkungen durch das pflanzliche Heilmittel beobachtet wurden.

Eine weitere französische Studie an 100 männlichen Patienten ergab bei 70 Prozent eine Stärkung der Libido, bei 66 Prozent eine Steigerung der wöchentlichen Beischlaffrequenz und bei ebenfalls 66 Prozent ein Nachlassen von Müdigkeit. Diese Untersuchung zeigt, dass Muira puama nicht nur bei Sexualstörungen, sondern generell bei Müdigkeits- und Erschöpfungszuständen hilfreich sein kann.

Hormonähnliche Substanzen

Die chemischen Wirkungsmechanismen von Muira puama lagen lange im Dunkeln. Als Hauptwirkstoffe gelten Alkaloide, ein Estergemisch (mit dem Hauptbestandteil Alpha-Sterol) sowie ein Steroid mit dem Namen »Beta-Sitosterin«. Steroide und Sterole können im Körper die Funktionen von Sexualhormonen übernehmen, was die libido- und potenzsteigernde Wirkung erklären könnte. Als Stimmungsaufheller kommen in erster Linie die Alkaloide infrage.

Viele Wirkstoffe von Muira puama sind lipophil. Dies bedeutet, dass man sie wohl in Alkohol und Fett, nicht aber in Wasser lösen kann. Wasserzubereitungen wie Aufgüsse und Abkochungen holen daher nur wenig aus dem anregenden Holz heraus, die optimale Zubereitungsform ist vielmehr die alkoholische Tinktur.

143

Hier hilft Muira puama

- Nervöse Erschöpfung
- Potenzschwäche
- Sexuelle Unlust
- Allgemeine Müdigkeit

Mögliche Nebenwirkungen

Nebenwirkungen sind bislang keine bekannt.

Anwendung und Dosierung

Tinktur

Muira puama wird nicht nur von Ptychopetalum oleacoides, sondern auch von Ptychopetalum uncinatum und Liriosma ovata gewonnen. Hinsichtlich ihrer Wirksamkeit bestehen keine Unterschiede.

Eine beliebige Menge des geschnittenen Holzes der Muira-puama-Pflanze in ein großes, sauberes Schraubdeckelglas geben. 40-prozentigen Wodka oder Rum dazugeben, bis die Flüssigkeit das Holz vollständig bedeckt. Das Glas verschließen und etwas schütteln, anschließend 10 Tage lang an einem dunklen Ort ziehen lassen, von Zeit zu Zeit gut schütteln.

Schließlich abseihen und den Restalkohol aus dem Kräuterrückstand herauspressen. Sehr gut geeignet ist dafür eine Weinpresse, die mit einem Passiertuch ausgelegt wird. Die fertige Tinktur wird in dunkle Glasflaschen umgefüllt.

Nehmen Sie 1 bis 2 Teelöffel der Muira-puama-Tinktur nach Bedarf, nicht aber mehr als 3 Teelöffel pro Tag. Sie können die Muira-puama-Tinktur mit Saft oder Wasser mischen. Sie eignet sich übrigens auch zum Spülen und Gurgeln bei Zahnfleischentzündungen.

Präparate

Mittlerweile gibt es Muira puama auch in Form von Präparaten. Die bekanntesten sind: Eujatrum, Puamindragees, Repursan, Voltax (als Kapseln und Flüssigkeit) und Zumba forte Sexualtonikum. Achten Sie darauf, dass der Anteil an Muira puama deutlich dominiert. Unproblematisch ist das Monopräparat Muira puama premium, das man ebenfalls in Apotheken erhält.

Einkauf

Geschnittenes Muira-puama-Holz ist im ethnobotanischen Fachhandel (Adressen Seite 164 unter Bezugsquellen) erhältlich; hier bekommt man oft auch schon die fertig hergestellte Muira-puama-Tinktur.

Die Indianer Perus kombinieren Muira puama mit Cocablättern, Colanüssen und Selleriesamen, um daraus einen kräftigenden Tee zu bereiten.

Yohimbe (Pausinystalia yohimba)

Die Innenrinde des Yohimbebaums – im Volksmund auch Liebesbaum oder Potenzrinde genannt – wird in seiner Heimat in Süd- und Westafrika schon seit langem als Aphrodisiakum verwendet. Früher wurden angeblich unvorstellbar große Mengen an Yohimbeabkochung getrunken, um damit wilde Orgien feiern zu können.

In solchen Berichten schwingt gewiss viel Legendäres mit – die sexuellen Ausschweifungen von archaischen Völkern entspringen weniger der Realität als dem Wunschdenken einiger phantasievoller (und sexuell frustrierter) Zivilisationsmenschen. Nichtsdestoweniger existieren eindrucksvolle wissenschaftliche Studien, die den sexuell anregenden Effekt von Yohimbe unbestreitbar belegen.

Botanische Merkmale

Der Yohimbebaum wächst in den tropischen Wäldern von Nigeria und Kamerun. Im Aussehen erinnert er an unsere Eiche. Er wird bis zu 30 Meter hoch und zeigt ovale, spitz zulaufende Blätter. Seine kräftige Rinde ist in der Regel dicht mit Flechten überzogen. Es ist durchaus möglich, dass diese Flechten ihr biochemisches Scherflein zu den medizinischen Wirkungen der Yohimberinde beitragen. Oft sind es gerade Schmarotzerpflanzen, die die Wirkung bestimmter Pflanzen aktivieren.

Yohimbeabkochungen schmecken unangenehm und können daher am Anfang zu Übelkeit führen. Ihr strenger Geschmack kann allerdings durch Zitronensaft oder eine Mischung aus Zitronen- und Agavendicksaft deutlich verbessert werden.

Die Wirkungen

Erweiterung der äußeren Blutgefäße

Hauptwirkstoff von Yohimbe ist ein Alkaloid namens Yohimbin, das erstmals 1896 durch einen deutschen Chemiker aus der Rinde extrahiert wurde. Yohimbin wirkt als so genanntes Sympathikolytikum. Dies bedeutet, dass es den sympathischen Anteil in unserem vegetativen Nervensystem hemmt. Die Folge: Die Blutgefäße in den äußeren (peripheren) Gewebeschichten werden weit gestellt, dadurch sinkt der Blutdruck, man spürt eine wohlige Wärme in der Haut und einen deutlichen Blutzufluss in Richtung Geschlechtsorgan.

Yohimbin sensibilisiert außerdem bestimmte Schaltstellen in unserem Sakralmark – also in den Nervenzentren unseres Kreuzbeins. Dies bedeutet konkret: Es reichen bereits geringe Reize aus, um deutliche Empfindungen im Unterleib und damit auch Lustgefühle auszulösen.

Klinische Belege

Die aphrodisierende und potenzsteigernde Wirkung sowie die therapeutische Wirksamkeit bei Impotenz durch Yohimbe und seinen Wirkstoff Yohimbin wurde in mehreren Studien am Menschen belegt. Yohimbin hilft in 34 von 100 Fällen von Impotenz, was bei dieser Erkrankung eine recht beachtliche Quote darstellt. Nach der Einnahme von Yohimbezubereitungen spürt man zunächst Gliederschwere und ein warmes Prickeln im Unterleib, es folgen sexuelle Erregung und leichte Veränderungen in der Wahrnehmung, oft auch spontane Erektionen. Die Wirkung hält etwa zwei bis vier Stunden an.

Yohimbe wird gerne als zweites Viagra gefeiert. Tatsächlich ist Yohimberinde als Potenzmittel schon lange gebräuchlich. Sie wurde hierzulande nur deshalb nicht so bekannt, weil über ihre Nebenwirkungen einige abenteuerliche Geschichten im Umlauf sind.

Hier hilft Yohimbe

- Potenzschwäche
- Sexuelle Unlust
- Schmerzen
- Bluthochdruck

Mögliche Nebenwirkungen

Bei normaler Dosierung der Yohimbewurzel (20 bis 40 Milligramm Yohimbin bzw. ein bis drei Esslöffel Yohimberinde pro Tag) sind kaum Nebenwirkungen zu befürchten. Gelegentlich kann es bei der Einnahme der Rinde zu Übelkeit kommen.

Menschen mit Nieren- und Leberschäden wird jedoch prinzipiell von dem Verzehr stark alkaloidhaltiger Pflanzen wie der Yohimberinde abgeraten.

Anwendung und Dosierung

Abkochung

1 bis 3 Esslöffel der Rinde mit 1/2 Liter Wasser aufkochen und 10 Minuten bei geringer Hitze kochen lassen. Anschließend abseihen. Trinken Sie nach Bedarf.

Die Zugabe von Vitamin C lässt den Effekt schneller (innerhalb von 15 Minuten, sonst innerhalb von 1/2 Stunde!) und stärker eintreten. Geben Sie daher den Saft von 1 Zitrone in den Yohimbetee.

Yohimbe ist ein starker Schmerzhemmer. So helfen Leinenwickel, die mit Yohimbeabkochung getränkt wurden, bei den unterschiedlichsten schmerzhaften Erkrankungen, von Arthritis über Muskelkater bis zum Hexenschuss. Mundspülungen mit Yohimbetee helfen bei Zahnschmerzen.

Fangen Sie beim Zubereiten der Rinde mit kleineren Dosierungen an, um die für Sie optimale Dosis zu finden.

Präparate

Die im Versandhandel und in Sexshops verkauften Yohimbe- oder Yohimbinmittel sind recht teuer und in ihrer Qualität nicht gesichert. Außerdem ist der Anteil an wirksamen Substanzen oft zu gering, um eine Wirkung entfalten zu können. Ganz sicher geht, wer sich die Präparate mit isoliertem Yohimbin (testasa e Kapseln, Yohimbin »Spiegel« Tabletten, Yocon-Glenwood-Tabletten) besorgt – die beiden Letzeren sind allerdings rezeptpflichtig. Oder aber man kauft die vollständigen, frei erhältlichen Rindenstücke. Durch die Zugabe von Zitronensaft kann man sich auch an Yohimbeabkochungen gewöhnen.

Einkauf

Die Rinde ist in einigen Apotheken und im ethnobotanischen Fachhandel (Adressen Seite 164 unter Bezugsquellen) erhältlich. Die Qualität der Ware ist allerdings recht unterschiedlich – und nicht immer ist die in der Apotheke verkaufte die beste. Bei einigen Rindenstücken reicht bereits 1 Esslöffel, um eine Wirkung zu erzielen, bei anderen muss man 3 Esslöffel der Rinde in Wasser legen. Leider sieht man der Ware ihre Qualität von außen nicht an. Am Probieren kommt man also nicht vorbei.

Pflanzliche
Diäthilfen

Die Anzahl der in Zeitschriften und Fernsehen beworbenen Diäten und Schlankheitsmittel ist mittlerweile fast unüberschaubar. Viele dieser Mittel sind – gemessen an ihrer tatsächlichen Wirksamkeit – unverhältnismäßig teuer oder sogar gesundheitlich bedenklich. Weitaus preiswerter und gesünder ist es, auf die Natur und ihren beinahe unerschöpflichen Reichtum an pflanzlichen Diäthilfen und Appetitzüglern zurückzugreifen. Es gibt vor allem viele wohlschmeckende Tees wie etwa Mate, Pu-erh oder Oolong, die sich optimal zur Unterstützung einer Diät eignen. Sie greifen entweder direkt in den Fettstoffwechsel ein oder suggerieren durch ihre psychoaktiven Wirkstoffe ein angenehmes Sättigungsgefühl. Trinken Sie sich schlank!

Wenn der große Hunger kommt

Madarwurzel (Calotropis gigantea)

Madarwurzelzubereitungen haben vor allem in der asiatischen Medizin eine lange Tradition. Sie werden in Asien hauptsächlich bei Gicht, rheumatischen Erkrankungen, Asthma bronchiale und Herzschwäche eingesetzt. Die Anwendung der Madarwurzel als Diäthilfe hingegen geht auf die europäische Homöopathie zurück.

Botanische Merkmale

Die Madarwurzel stammt von einem Strauch namens Calotropis gigantea. Diese Pflanze wird bis zu drei Meter hoch, ihr Verbreitungsgebiet umfasst Indien, Südchina und das malaiische Archipel. Sie ist eine Verwandte von Calotropis procera, die als Sodomsapfel in der Bibel erwähnt wurde.

Die Wirkungen

Zügelt den Appetit

Die Madarwurzel enthält neben Harzen und Bitterstoffen auch so genannte Cardenoloidglykoside wie Calotropin, Calactin und Uscharidin.

Allerdings ist dieses Wirkstoffprofil für den Einsatz von Madar als Diäthilfe eher bedeutungslos. Der Grund: Hier werden homöopathische Verdünnungen eingesetzt (meist im Verdünnungsgrad D4), in denen die Wirkstoffe nur wenig bis gar nicht mehr nachweisbar sind.

Ziel dieser extremen Verdünnungen ist es nicht, mit bestimmten Stoffen bestimmte Wirkungen zu erzielen, sondern mit Minimalreizen unser geistig-körperliches Gefüge zu einer selbsttätigen Reaktion anzuregen. Gemäß der homöopathischen Lehre sollen die Patienten nicht passiv therapiert werden, sondern aktiv Selbstheilungsprozesse entfalten, für die das homöopathische Arzneimittel lediglich die Rolle des Initialzünders übernimmt.

Für die Zubereitungen der Madarwurzel gelten die Regeln der Homöopathie. Dies bedeutet, dass es am Anfang der Anwendung durchaus zu einer Erstverschlimmerung der Beschwerden kommen kann – in diesem Fall also zu einer Zunahme des Körpergewichts.

Während andere Schlankmacher wie Pu-erh und Mate auch über den Stoffwechsel und die Verdauung auf das Übergewicht wirken, verfolgt die Madarwurzel einen rein psychologischen Ansatz: Sie soll unseren Appetit bremsen. Und hierbei scheint sie recht erfolgreich zu sein.

Klinische Belege

Gemäß der homöopathischen Sichtweise dämpfen Zubereitungen der Madarwurzel unseren Appetit. Nebenwirkungen sind allerdings – im Unterschied zu den meisten anderen Appetitzüglern – nicht zu befürchten. Die Appetithemmung wird bei dieser Heilpflanze nämlich nicht durch bestimmte Drogen erzielt, sondern dadurch, dass wir sie – lediglich initialgezündet durch das homöopathische Arzneimittel – gewissermaßen in Eigenregie auslösen.

Dieser Wirkungsmechanismus scheint durchaus Erfolg versprechend zu sein. Eine wissenschaftliche Studie an 661 übergewichtigen Frauen und 195 übergewichtigen Männern ergab bereits nach vier Wochen bei knapp 90 Prozent der Testpersonen einen durchschnittlichen Gewichtsverlust von 2,8 Kilogramm. Nach acht Wochen betrug die Gewichtsreduktion durchschnittlich sogar 4,9 Kilogramm. Etwa 70 Prozent der untersuchten Personen gaben an, dass sich bei ihnen die Esslustgefühle spürbar verringert hätten.

Beeindruckend war neben der Wirksamkeit der Pflanze auch, wie in dieser Studie die Verträglichkeit der Heilpflanze beurteilt wurde. 64 Prozent der Therapeuten bewerteten die Madarzubereitungen mit sehr gut, bei den Patienten selbst waren es ebenfalls etwas mehr als 64 Prozent. Wenn Ärzte und Patienten sich in der Einschätzung von Verträglichkeit und Nebenwirkungen eines Präparats derart einig sind, kann dies natürlich als äußerst positiv angesehen werden.

Die Blüten der in Asien heimischen Madarpflanze sind sternförmig angeordnet und stehen sehr dicht. Die Wurzeln werden homöopathisch aufbereitet und als Schlankheitsmittel eingesetzt.

Mögliche Nebenwirkungen

Nebenwirkungen sind bislang keine bekannt. Bei Kindern unter zwölf Jahren liegen jedoch noch nicht genügend Erfahrungen vor, um die Wirkung von Madar zu beurteilen. Es wird hier empfohlen, nur nicht alkoholische Zubereitungen zu verwenden, und auch diese nur über einen Zeitraum von vier Wochen. Generell wird die Wirkung homöopathischer Arzneien wie Madar durch Reiz- und Genussmittel beeinträchtigt.

Anwendung und Dosierung

Die Madarwurzel erhält man in Form homöopathischer Präparate, die in erster Linie als Appetitzügler eingesetzt werden. Die Dosierung richtet sich nach den Packungsbeilagen. Wichtig ist, dass Sie Madar nicht mit einem anderen Medikament zur Diäthilfe kombinieren. Die in Deutschland üblichen Präparate sind Cefamadar und Schlankplus Dr. Hagedorn.

Einkauf

Homöopathische Madarpräparate sind generell in der Apotheke erhältlich.

Matetee (Ilex paraguariensis)

Die Indianer Paraguays trinken Matetee wohl schon seit vielen Jahrhunderten, doch schriftlich wird er im Jahr 1541 das erste Mal erwähnt, als ein spanischer Kaufmann aus dem paraguayischen Asunción seinen Hinterbliebenen »eine große Kalebasse mit gemahlenem Kraut« vermachte. Von da an nahm der Ruf des Matetees stetig zu.

In Brasilien und Argentinien ist Matetee mittlerweile ein Nationalgetränk. Hierzulande wurde er in den 1980er Jahren eine Zeit lang als Schlankheitstee angepriesen. Seither bekommt man ihn in Drogerien in den verschiedensten Geschmacksrichtungen, von tropisch über orange bis zu einer Mischung aus Mate und Guarana. Doch so richtig durchsetzen konnte Matetee sich nicht.

Dabei muss er zu jenen Tees gezählt werden, die ein breites Spektrum an gesundheitlichen Vorzügen besitzen – und laut jüngsten Studien tatsächlich Chancen bei der Gewichtsreduktion besitzen.

Matetee wird in Südamerika zu den unterschiedlichsten Zwecken getrunken. In Paraguay gilt er als Anregungsmittel und Tonikum sowie als Mittel gegen Gicht und Harnsteine. In Brasilien setzt man Matetee zur Anregung des Gallenflusses, als leichtes Antidepressivum und zur Vorbeugung und Behandlung von Blutarmut ein. In Argentinien wird er empfohlen zur Unterstützung des Herzes bei Fieber und Lungenentzündungen.

Botanische Merkmale

Wohl nirgendwo sonst wachsen so viele unterschiedliche Pflanzen wie im südamerikanischen Urwald. Eine von ihnen ist eine Stechpalme mit dem wissenschaftlichen Namen »Ilex paraguariensis«, ein Baum mit dichter Krone und heller Borke, der bis zu 20 Meter hoch werden kann. Wer allerdings als Erster auf die Idee kam, die Blätter dieser Palme zu sammeln und sich daraus den Matetee zu brauen, ist bis heute unbekannt. Der Matebaum wird heute vor allem in Brasilien in großem Stil angebaut, auch wenn immer noch ein großer Anteil der Ernte aus dem Wildbestand kommt.

In der südamerikanischen Bevölkerung hat Mate als Genussmittel einen ähnlichen Ruf wie Kaffee. Noch heute sitzen die südamerikanischen Gauchos am Lagerfeuer, um den rauchig-bitteren Mate zu trinken, und zwar mit einer Art Strohhalm gemeinsam aus einer Kalebasse.

Die Wirkungen

Gemäßigtes Koffein

Die Inhaltsstoffe von Mate sind mittlerweile hinreichend gut entschlüsselt. Man weiß, dass er ähnlich wie Kaffee recht große Mengen an Koffein enthält. Man weiß aber auch, dass die Wirkung dieses anregenden Alkaloids im Matetee durch Chlorogensäuren verändert wird, und zwar in ähnlicher Weise wie beim grünen Tee. Die Koffeinmoleküle liegen gewissermaßen an der Kette der Chlorogensäuren, so dass ihre Wirkung weniger intensiv, dafür aber zeitlich gestreckt wird. Wie stark dieser Effekt ist, hängt davon ab, wie lange man den Tee ziehen lässt. Lässt man ihn fünf Minuten ziehen, bleibt sein Koffein weitgehend frei, und er wirkt stark anregend; lässt man ihn zehn Minuten ziehen, wird sein Koffein weitgehend blockiert, und er wirkt nur mäßig anregend, wobei allerdings dieses Erregungsniveau über mehrere Stunden anhalten kann.

Krampflösend

Die Chlorogensäure von Matetee ist aber nicht nur eine bloße Koffeinblockade. Sie senkt auch die Krampfschwelle, verbessert die Bewegungen in Magen und Darm und wirkt antioxidativ. Matetee eignet sich daher zur Behandlung von Unterleibskrämpfen, Koliken, Durchfall und Verstopfung. Er verbessert die Verdauung, und sein antioxidativer Charakter trägt dazu bei, dass die Cholesterinanteile im Blut weniger oxidieren und dadurch zur Arteriosklerose beitragen können. Matetee eignet sich demnach zur Vorbeugung von Herzinfarkt, Schlaganfall und anderen Herz-Kreislauf-Erkrankungen.

Anregend für den Fettstoffwechsel

Zu den weiteren Wirkstoffen von Mate zählen die Saponine. Von ihnen weiß man, dass sie in den Fettstoffwechsel eingreifen können. Möglicherweise lassen sich dadurch Berichte erklären, in denen von Senkungen des Cholesterinspiegels und des Körpergewichts durch Mate die Rede ist.

In einer Studie der Universität Lausanne wurden zwölf Heilpflanzen dahingehend getestet, inwieweit sie ihrem Anspruch als Fatburner gerecht werden. Darunter befanden sich neben Mate auch grüner Tee, Artischocke, Haselnussblätter, Bunte Schwertlilie und Kermesbeere. Dabei wurden normalgewichtige Testpersonen drei Stunden lang auf einer Liege ruhig gestellt. Nach Einnahme einer einmaligen Dosis der jeweiligen Heilpflanze bzw. eines Plazebos wurde in einem so genannten kalorimetrischen Messverfahren der Energieverbrauch gemessen.

Das Ergebnis: Bei elf der getesteten Pflanzen ließen sich keinerlei Einflüsse auf den Energieumsatz feststellen. Lediglich bei Mate wurden deutliche Hinweise für einen gesteigerten Fettstoffwechsel gefunden.

Viele Mineralien und Vitamine

Wissenschaftlich abgesichert ist außerdem, dass Matetee eine außerordentlich ergiebige Quelle für Mineralien und Vitamine bildet. Besonders hoch sind seine Werte an Vitamin C, B1, B2 und Folsäure. Außerdem enthält er große Mengen an Karotinoiden, die von unserem Körper zu Vitamin A umgebaut werden können. Unter den Mineralien dominieren vor allem Kalium, Kalzium und Magnesium. Absoluter Spitzenreiter ist jedoch das Eisen. 100 Gramm Mateblätter enthalten 12,1 Milligramm Eisen. Zum Vergleich: Ein Stück Rindfleisch des gleichen Gewichts enthält etwa zwei Milligramm. Mateblätter enthalten also sechsmal so viel Eisen wie Fleisch, und das wird gemeinhin schon als ergiebige Eisenquelle angesehen. Dabei gilt es allerdings zu bedenken, dass Eisenanteile aus pflanzlichen Nahrungsmitteln von unserem Körper etwas schlechter verwertet werden als aus tierischen Speisen.

Anerkanntes Arzneimittel

Vor einigen Jahren wurde Matetee in den deutschen Arzneimittelkodex aufgenommen, in dem er zur Behandlung geistiger und körperlicher Ermüdung empfohlen wird.

Wer eine Schlankheitskur mit Matetee machen möchte, muss etwas Geduld aufbringen. Erste Diäterfolge zeigen sich bei einer Matekur in der Regel erst nach zwei Wochen.

Darüber hinaus wird Matetee oft Blasen- und Nierentees beigemischt, um Infektionen und Entzündungen der Harnwege zu behandeln.

Einige Ärzte setzen ihn auch zur Mobilisation der Herztätigkeit ein, und seine verdauungsfördernden Eigenschaften machen ihn zu einem idealen Begleitgetränk zum Essen. Fettreiche Mahlzeiten werden durch das Koffein und die Saponine des Matetees wesentlich besser verdaut als sonst.

Hier hilft Matetee

- Chronische Erschöpfung
- Eisenmangel
- Geistige Erschöpfung
- Verdauungsbeschwerden
- Übergewicht
- Unterleibskrämpfe

Mögliche Nebenwirkungen

In Brasilien wird Mate mitunter zur Behandlung leichterer Depressionen eingesetzt. Seine stimmungsaufhellenden Wirkungen verdankt er aber wahrscheinlich nur seinem Koffein, gezielt depressionshemmende Stoffe wie etwa beim Johanniskraut wurden nicht gefunden.

Nebenwirkungen sind durch Mate kaum zu befürchten. Auch eine Koffeinüberdosierung ist eher unwahrscheinlich – zu sehr hängen seine Koffeinanteile an der Kette der Chlorogensäuren. Allerdings sollte die tägliche Dosis von vier Tassen (à 150 bis 200 Milliliter) nicht überschritten werden. Diese Einschränkung gilt vor allem für Schwangere, die den Tee lange, also zehn Minuten, ziehen lassen sollten.

Anwendung und Dosierung

Tee

Für 1 Tasse wird 1 Teelöffel der fein geschnittenen Blätter mit kochendem Wasser übergossen. Etwa 5 bis 10 Minuten ziehen lassen, anschließend abseihen. Die Dosierung beträgt 4 Tassen pro Tag.

Einkauf

In Südamerika werden mitunter die ganzen Zweige der Matepalme mit Wasser überbrüht. Hierzulande erhält man jedoch nur die Blätter. Erhältlich sind sie in ihrer grünen Form, die nach dem Pflücken kurzzeitig erhitzt und schließlich getrocknet werden. Daneben gibt es aber auch noch geröstete Blätter. Sie wurden nach dem Trocknen noch einmal erhitzt und mit Wasser durchfeuchtet. Ihr Aufguss schmeckt etwas malziger als der der grünen Blätter. In jedem Fall sollte man die offenen Blätter kaufen, nicht aber die abgepackten Aufgussbeutel, die es mittlerweile auch im Handel gibt. Der Grund: In den Beuteln befindet sich nur klein zerhackter Matetee, der während des Lagerns bereits viele seiner wertvollen Inhaltsstoffe verloren hat. Darüber hinaus wird der Mate in Beuteln häufig mit anderen Pflanzen gestreckt, um sein Aroma den mitteleuropäischen Gaumenbedürfnissen anzupassen.

Besonders beliebt ist bei der Geschmacksverbesserung die Zugabe von Zitronengras. Derartige Mischungen haben jedoch geschmacklich und auch medizinisch nur noch wenig mit dem ursprünglichen Matetee zu tun.

Pu-erh-Tee (Camellia sinensis)

Pu-erh-Tee zählt in China zu den alten und anerkannten Heiltees, hierzulande ist er eher umstritten. Dies liegt zum großen Teil daran, dass einige Teeimporteure ihn mit Aussagen wie »10,8 Kilogramm weg in 4 Wochen« garnierten und ihm dadurch ein unseriöses Image verpassten.

Darüber hinaus sind die chinesischen Anbieter kaum imstande, den weltweit riesigen Pu-erh-Bedarf mit einwandfreier Ware zu decken, so dass auch Produkte auf den Markt kamen, die nichts mit echtem Pu-erh-Tee zu tun hatten oder die sich sogar als ge-

Die Fermentation des Pu-erh-Tees kann mehrere Jahre dauern. Grundsätzlich gilt für ihn wie für guten Wein: Seine Qualität ist umso besser, je länger er reifen konnte. Die kostbarsten Pu-erh-Tees lagern bis zu 60 Jahre. Sie sind natürlich dementsprechend teuer. Ihre medizinische Wirkung ist allerdings nicht stärker als die der jungen Tees.

Die Blüte der Teepflanze Camellia sinensis zeichnet sich durch ihre weißen Blätter und ihre zahlreichen gelben Staubgefäße aus. Aus dieser Pflanze werden grüner, schwarzer und Pu-erh-Tee hergestellt.

sundheitsschädlich herausstellten. Nichtsdestoweniger bleibt es eine Tatsache, dass hochwertiger Pu-erh-Tee nicht nur gesund ist, sondern auch bei der Gewichtsreduktion realistische Chancen besitzt.

Botanische Merkmale

Pu-erh-Tee stammt von Teebäumen des Typs Camellia sinensis; er unterscheidet sich also prinzipiell nicht vom grünen Tee und auch nicht von dessen fermentiertem Abkömmling, dem schwarzen Tee.

Das Besondere an den nur in Südchina wachsenden »Pu-erh-Bäumen« ist allerdings, dass sie sehr alt werden können sowie kräftige Triebe und glänzende, große Blätter besitzen – letztere brachten ihnen im Chinesischen den Beinamen »dayeh« ein, was übersetzt so viel wie großblättrig bedeutet.

Die große Stärke von Pu-erh-Tee liegt darin, dass seine Wirkstoffe sehr gut wasserlöslich sind. Es ist also überflüssig, sich Kapseln oder andere Extrakte zu kaufen. Der normale Pu-erh-Teeaufguss reicht vollkommen aus.

Zum eigentlichen Pu-erh wird der Tee aber durch sein außergewöhnliches Herstellungsverfahren. Die gerösteten und getrockneten Blätter werden mit Wasser angefeuchtet und in Häufchen aufgeschichtet. Dann gibt man eine Portion aus »Pu-erh-Mikroben« (vor allem Schimmelpilze) hinzu.

Sowohl die Menge des Wassers als auch die Menge und Zusammensetzung der Mikrobenkultur sind Betriebsgeheimnis des jeweiligen Herstellers. Wissenschaftler sehen derartige Geheimniskrämereien nicht so gerne, doch in China – und vor allem unter Chinas Teeproduzenten – sind sie durchaus üblich. Man will auf diese Weise vermeiden, dass die Konkurrenten den jeweiligen Pu-erh-Tee einfach kopieren.

In den aufgeschichteten Blätterhäufchen geht dann mikrobiologisch gesehen schon bald »die Post ab«. Die Temperatur steigt auf über 35 °C, und der Tee verändert sich in Farbe und Geschmack. Nach mehreren Wochen, manchmal aber auch erst nach Jahren, werden die Vorgänge durch Erhitzen (Firing) abgebrochen und der Feuchtigkeitsgehalt auf etwa zehn Prozent reduziert. Dann ist der Pu-erh-Tee schließlich fertig.

Die Wirkungen

Zahlreiche Wirkstoffe

Pu-erh enthält große Mengen an Mangan und Bitterstoffen. Ähnlich wie schwarzer und grüner Tee enthält er Koffein, allerdings sind seine Koffeinwerte in der Regel etwas geringer.

Darüber hinaus brilliert Pu-erh durch hohe Anteilswerte an Polyphenolen und Saponinen; von letzteren ist bekannt, dass sie gezielt in den Fettstoffwechsel eingreifen. Schließlich ist davon auszugehen, dass auch die an der Fermentation beteiligten Schimmelpilze zum Wirkstoffprofil beitragen. In einer japanischen Studie kommt ein Wissenschaftler zu dem Schluss, dass in ihnen möglicherweise ein Schlüssel zum Fatkillerphänomen des Pu-erh liegt.

Leichtes Antidepressivum

In seiner Heimat Südchina wird Pu-erh als Antidepressivum eingesetzt. Dieses Einsatzgebiet scheint bei milden Formen von depressiven Verstimmungen, bei schlechter Laune etwa, durchaus sinnvoll zu sein, da im Pu-erh-Tee ähnliche Flavonoide nachgewiesen wurden wie im als Antidepressivum anerkannten Johanniskraut. Deshalb kann Pu-erh beispielsweise bei den typischen Depressions- und auch bei den Heißhungerschüben während einer Rauchentwöhnung hilfreich sein.

Immer wieder wird auch von den appetithemmenden Wirkungen von Pu-erh berichtet. Zeitweilig wurde der Tee als neues Wundermittel auf dem Markt der Diäthilfen gepriesen. Dieser Effekt kann mit den hohen Koffein- und Katechinwerten von Pu-erh erklärt werden.

Diese beiden Stoffe sorgen über ihren sanften Einfluss auf unseren Stresshormonspiegel möglicherweise für eine Dämpfung unseres Hungerempfindens.

Fundierte Laborstudien

Pu-erh wird seit einigen Jahren als Fatkiller gefeiert oder aber als abgebrühte Verbrauchertäuschung gebrandmarkt. Die vorliegenden klinischen Beobachtungen aus China werden von Wissenschaftlern eher kritisch beurteilt, es existieren allerdings auch japanische Laborversuche von international anerkannten Wissenschaftlern.

Bei diesen Laborstudien setzte man Ratten gezielt unter fett- und cholesterinreiche Mastdiät, wobei einem Teil der Ratten zusätzlich Pu-erh-Tee verabreicht wurde. Wie zu erwarten, legten die Tiere im Körpergewicht und auch im Blutcholesterinspiegel schon nach wenigen Wochen deutlich zu, die Gewichtszunahme fiel jedoch bei den mit Pu-erh-Tee gefütterten Tieren erheblich geringer aus.

Pu-erh kann – ähnlich wie Rooibos und grüner Tee – mehrmals aufgegossen werden. Bei höheren Qualitätsstufen sind bis zu vier Aufgüsse möglich. Vor diesem Hintergrund relativiert sich natürlich auch der hohe Preis, der für Pu-erh im Verhältnis zu Kaffee sowie zu vielen Schwarz- und Grünteesorten gezahlt werden muss.

157

Hier hilft Pu-erh-Tee

- Erhöhte Blutfettwerte
- Übergewicht
- Konzentrationsschwäche
- Erschöpfungszustände
- Depressive Verstimmungen
- Heißhungerattacken

Mögliche Nebenwirkungen

Pu-erh-Tee ist ausgesprochen arm an Risiken. So ist sein Koffein an Polyphenole gebunden, die das Nervenystem vor allzu akuten Erregungsschüben schützen.

Ein übermäßiger Verzehr des Tees hindert allerdings möglicherweise die Eisenanteile aus pflanzlichen Nahrungsmitteln daran, von unserem Körper aufgenommen zu werden. Dieser Aspekt kann für Vegetarier ein Problem sein; die üblichen Misch- und Fleischköstler haben in dieser Hinsicht jedoch nichts zu befürchten.

Für die empfohlene Tagesdosis von etwa drei bis vier Tassen Pu-erh-Tee benötigt man nicht mehr als einen gestrichenen Teelöffel des Krauts.

Anwendung und Dosierung

Tee

Die Dosierung für einen kräftigen Geschmack und eine intensive Wirkung von Pu-erh-Tee liegt bei 1 gestrichenen Teelöffel Blätter auf 1 Tasse, wobei die Tasse etwa 150 Milliliter Fassungsvermögen besitzt. Das entspricht bei 1 Liter etwa 6 Teelöffeln, wobei aufgrund der besseren Lösungsmöglichkeiten in einer Kanne die Menge Pu-erh-Blätter sogar auf 5 Teelöffel reduziert werden kann.

Wer es etwas milder mag, reduziert die Dosis auf 1/2 Teelöffel pro Tasse bzw. 3 gestrichene Teelöffel pro Liter. Solche Dosierungen empfehlen sich vor allem für den Einsteiger, der seine individuelle Dosis noch nicht gefunden hat. Die empfohlene Tagesdosis liegt bei 3 bis 4 Tassen, die jeweils zu den Mahlzeiten getrunken werden sollten.

Die Pu-erh-Blätter werden in die Tasse bzw. Kanne gegeben und anschließend mit kochendem Wasser übergossen. Danach lässt man den Tee ziehen, am besten zugedeckt, um seine flüchtigen ätherischen Öle besser im Aufguss zu halten. Die Dauer des Ziehens richtet sich nach der Art des Tees und nach dem, was man von ihm erwartet.

Kurze Ziehdauer

Wer den Pu-erh-Tee 2 bis 3 Minuten ziehen lässt, erhält einen relativ milden Aufguss mit rauchigem Geschmack und recht starker anregender Wirkung.

Die medizinisch wichtigen Inhaltsstoffe sollten bei dieser kurzen Zeit bereits gelöst sein. Die für den guten alten deutschen Kräutertee üblichen 10 bis 15 Minuten Ziehzeit sind für die Wirksamkeit von Pu-erh nicht nötig, wie überhaupt in der traditionellen chinesischen Medizin recht häufig mit kurzen Zeiten beim Ziehen gearbeitet wird.

Mittlere Ziehdauer

Eine mittellange Ziehdauer heißt etwa 3 bis 5 Minuten. Bei dieser Ziehdauer schmeckt der Tee schon deutlich erdig. Die Koffeinmoleküle sind dann weitgehend an Gerbstoffe gebunden und daher nur noch recht schwach in ihrer anregenden Wirkung. Die mittellange Zeit beim Ziehen ist wohl für die meisten Teetrinker geeignet. Optimal ist sie natürlich für Menschen, die an einem übersäuerten Magen leiden.

Ziehdauer über zehn Minuten

Bei einer langen Ziehzeit dominiert geschmacklich dann eindeutig das Erdige im Pu-erh-Tee. Im Unterschied zu grünem und schwarzem Tee ist er jedoch auch nach längeren Ziehdauern durchaus noch genießbar. Dies liegt wahrscheinlich an der sanfteren Konstruktion seiner Gerbstoffe. 10-Minuten-Pu-erh empfiehlt sich vor allem bei der Behandlung von Darmproblemen wie etwa Durchfall.

Einkauf

Mittlerweile stellt der Einkauf von Pu-erh den Kunden vor keine größeren Probleme mehr. Man erhält den Tee überall in Apotheken, Drogerien, Reformhäusern und Teefachgeschäften – und natürlich auch in Chinafeinkostläden.

Wer an das Internet angeschlossen ist, kann sich auch auf diesem Weg mit Pu-erh versorgen. Der Vorteil hierbei liegt auf der Hand: Der Kunde braucht nicht mehr aus dem Haus zu gehen; allerdings erhält er auf diese Weise natürlich auch keinerlei Einblicke in die Arbeits- und Lagerqualitäten des betreffenden Teeanbieters. Und auch beim Kauf von Pu-erh-Tee sollten Sie unbedingt auf rückstandskontrollierte Ware achten.

Leider wird immer wieder Pu-erh-Tee angeboten, der mit Pestiziden belastet ist. Kaufen Sie daher nur Ware, die auf ihre Rückstände kontrolliert wurde.

Pu-erh wird im Unterschied zum fermentierten Schwarztee und halb fermentierten Oolong auch als postfermentierter (nachgereifter) Tee bezeichnet.

Ware aus Feinkostgeschäften

Bleibt die Frage, was es zu beachten gilt, um möglichst gute Warenqualität zu bekommen. Vertreter der traditionellen chinesischen Medizin verweisen häufig auf die besonders hohe Qualität, in der Pu-erh in den chinesischen Feinkostgeschäften angeboten wird. Nennenswerte Belege für diese These gibt es jedoch nicht.

Im Gegenteil: Aus der Tatsache, dass ein 100-Gramm-Beutel mit Tee einen für den Kunden in der Regel unverständlichen chinesischen Schriftzug trägt, darf man noch lange nicht schließen, dass dies auch wirklich authentische und hochwertige Ware ist. Von Krankenhäusern, die mit traditioneller chinesischer Medizin arbeiten, ist bisweilen zu hören, dass sie ihre chinesischen Kräuterlieferanten mitunter sehr deutlich unter Druck setzen mussten, um von ihnen medizinisch und botanisch einwandfreie Ware zu erhalten.

In China gilt es als Qualitätsmerkmal, wenn die Pu-erh-Blätter einen leichten Schimmelbelag aufweisen. An einem ähnlichen Kriterium messen wir hierzulande die Qualität von Schimmelkäse.

Ware aus Apotheken

Bleiben als Alternativen zum Teeinkauf in Feinkostgeschäften Apotheken, Reformhäuser und Drogerien, wobei die beiden Letzteren in der Regel preiswerter sind. Der Tee sollte allerdings nicht unter 10 DM pro 100 Gramm kosten. Bevorzugen Sie Ware, die aus kontrolliertem Anbau stammt und im Labor auf ihren Pestizidgehalt überprüft wurde. Dann können Sie sicher sein, dass Sie bestmöglichen Pu-erh-Tee erhalten.

Oolongtee (Camellia sinensis)

Im Unterschied zu grünem und schwarzem Tee besitzt Oolong hierzulande nur einen geringen Bekanntheitsgrad. Mitunter wird er mit Pu-erh verwechselt, mit dem er jedoch nichts gemein hat außer dem botanischen Ursprung. Geschmacklich besitzt er eine ganz eigene malzige bis nussige Note. Er schmeckt nicht so nach Gras wie viele Grüntees und nicht annähernd so herb wie der schwarze Tee; und vom Modergeruch des Pu-erh-Tees hat er schon gar nichts.

Botanische Merkmale

Oolong stammt von der Camellia-sinensis-Pflanze, hat also denselben botanischen Ursprung wie der grüne und der schwarze Tee. In der Zubereitung steht er genau zwischen den beiden: Seine Blätter werden kurz angewelkt bzw. anfermentiert. Die Kunst des Anwelkens ist allerdings eine recht spezielle; Oolong zählt daher zu den kulinarischen Spezialitäten der Tees. Er kommt hauptsächlich aus China und Vietnam. Je nach Fermentationsgrad zeigt Oolongtee Farben von Hellgrün bis Orangerot. Sein Geschmack ist kräftig und erinnert ein wenig an Malz.

Die Wirkungen

Gegen hohe Cholesterinwerte und Übergewicht

Der Oolongtee gilt in China und Vietnam traditionell als Mittel zur Vorbeugung und als Therapiehilfe gegen Übergewicht. Seine blutfettsenkende Wirkung bei fetthaltiger Kost konnte im Tierexperiment bestätigt werden. Hauptverantwortlich für diesen Effekt sind wahrscheinlich die Oolongtannine, da sie die chemische Umwandlung von Fetten in den Leberzellen zu hemmen vermögen.

Japanische Forscher haben sich ausführlich mit Oolong und seinen Wirkungen auf das Körpergewicht beschäftigt. Für eine experimentelle Studie erhielten 18 Mäuse für die Dauer von zehn Wochen entweder eine Standardlabornahrung oder eine fettreiche Diät mit 40 Prozent Rindertalg. Bei einer der beiden fettreich ernährten Versuchsgruppen war die Nahrung zusätzlich mit fünf Prozent pulverisiertem Oolongtee angereichert. Sowohl die Standard- als auch die Versuchsdiät wurden ausreichend mit Vitaminen und Mineralien versetzt.

Im Unterschied zum grünen Tee sollte der Oolong in jedem Fall mit kochendem Wasser zubereitet werden. Seine Wirkstoffe werden dadurch optimal gelöst.

Von der dritten Versuchswoche an entwickelten die fettreich und ohne Teezusatz ernährten Tiere ein zunehmendes Übergewicht. Die Gewichtszunahme der fettreich und gleichzeitig mit Oolongtee gefütterten Tiere verlief dagegen deutlich langsamer; sie unterschied sich nicht wesentlich von der Kurve der Tiere, die mit normaler Labornahrung gefüttert wurden.

Anregung der Fettverbrennung

Oolongtee hilft also folglich dabei, das Gewicht bei fetthaltiger Kost unter Kontrolle zu halten. Fraglich ist allerdings, welcher seiner Wirkstoffe für diesen Effekt zuständig ist. Ebenfalls japanische Studien erbrachten Hinweise darauf, dass für diesen Effekt zum Teil das altbekannte Koffein verantwortlich ist. Es besitzt im halb fermentierten Oolongtee eine andere chemische Aktivität als etwa in Kaffee oder auch in grünem Tee. Offenbar regt das Oolongkoffein in besonderem Maß die Fettverbrennung an.

Milch hat in Oolongtee nichts zu suchen. Sie beeinträchtigt nicht nur seinen Geschmack, sondern auch die Wirkung der fettblockenden Saponine.

Hemmung der Fettaufnahme

Von noch größerer Bedeutung sind aber wahrscheinlich die Saponine des Oolongs. Sie hemmen die fettspaltenden Enzyme unserer Bauchspeicheldrüse, mit der Folge, dass ein Teil der verzehrten Fette einfach unverdaut über den Darm ausgeschieden wird. Auf diese Weise wirkt Oolong demnach als Fatblocker; er verringert die Fettaufnahme unseres Körpers. Der Fatblockereffekt wird auch schon von der Pharmaindustrie genutzt, allerdings sind die betreffenden Medikamente teuer und nicht ganz unproblematisch in der Anwendung. Im Oolongtee hat man nun hierzu möglicherweise eine natürliche und absolut risikofreie Alternative gefunden.

Hier hilft Oolongtee

- Übergewicht
- Erhöhte Blutfettwerte

Mögliche Nebenwirkungen

Aufgrund seiner Tannine hemmt Oolong die Aufnahme von pflanzlichem Eisen. Vegetarier sollten daher bei dem Tee etwas zurückhaltender sein. Auf die Eisenaufnahme über tierische Kost hat Oolong hingegen keinen Einfluss.

Anwendung und Dosierung

Die Dosis

Wer in den Genuss der gesundheitlichen Vorzüge des Oolongtees kommen will, sollte täglich nicht weniger als 0,6 Liter des Tees trinken. Nach oben wird die Teemenge durch das Koffein begrenzt, das in hohen Dosierungen zu Nervosität und Schlaflosigkeit führen kann. Generell gelten 6 bis 7 Tassen à 150 Milliliter täglich als unproblematisch. Wer sich außerdem aus einer Portion Teeblättern mehrere Aufgüsse bereitet, kann auch mehr als 1 Liter trinken, da die Koffeinmenge in den Zweit- und Drittaufgüssen deutlich reduziert ist.

Die Ziehdauer

Wissenschaftliche Studien zeigen, dass schon nach 3 Minuten Ziehdauer ein Großteil der Teewirkstoffe in das Wasser übergegangen sind, eine längere Ziehdauer bringt kaum noch einen zusätzlichen medizinischen Gewinn.

Einkauf

Oolongtee gibt es in jedem gut sortierten Teefachgeschäft. Bevorzugen Sie Ware, die auf Rückstände kontrolliert wurde. Es gibt leider immer wieder Bauern, die ihre Teesträucher mit Pestiziden behandeln. Die Wasserlöslichkeit der Pestizide liegt jedoch zwischen 5 und 10 Prozent, der weitaus größere Anteil verbleibt im Blätterrückstand.

Von Oolongtee können Sie mehrere Aufgüsse machen. Der zweite und dritte Aufguss braucht allerdings nicht länger zu ziehen, weil der erste Aufguss die Inhaltsstoffe des Tees bereits vorgewässert, also aus ihren festen Blattverbindungen herausgelöst hat.

Zum Genuss einer Tasse Oolongtee gehört das richtige Ambiente. Stellen Sie sich ganz auf »Ihren« Tee ein.

Bezugsquellen

Ethnobotanischer Fachhandel

● Alraun, Stationsweg 10, NL-5973 RH Lottum; der Firmensitz befindet sich in Holland, der Versand erfolgt über die deutsche Post; außerdem über eine deutsche Telefonnummer erreichbar: 0 28 31/99 40 13 (Betelnuss, Damiana, Eleutherokokk, Galgant, Giftlattichsamen, Ginkgo, Ginseng, Goldmohn, Kava-Kava, Kreuzblume, Mate, Mönchspfeffer, Muira puama, Noni, Weihrauchharz, Passionsblume, Tragant, Yams, Yohimbe)

● Elixier, Kollwitzstraße 54, 10405 Berlin, Fax: 0 30/4 42 60 57; www.elixier.de (Betelnuss, Damiana, Eleutherokokk, Galgant, Giftlattichsamen, Ginseng, Goldmohn, Guarana, Katzenminze, Kava-Kava, Mate, Meerträubel, Muira puama, Weihrauchharz, Passionsblume, Yohimbe)

● Freakshop, Saarstraße 59, 46045 Oberhausen, Tel.: 02 08/4 44 56 42; www.freakshop.de (Betelnuss, Bilsenkraut, Borretsch, Damiana, Guarana, Galgant, Giftlattichkraut, Ginkgo, Goldmohn, Helmkraut, Iboga, Katzenminze, Kava-Kava, Meerträubel, Weihrauch, Passionsblume, Tragant, Yohimbe)

● Galerie fit & gesund, Mittelweg 19, 20148 Hamburg; Tel. und Fax: 0 40/4 10 65 19; www.fit-u-gesund.de

● head&natur, Friedrich-Ebert-Straße 34, 93051 Regensburg, Tel.: 09 41/9 45 58 14; www.head-shop.de (Betelnuss, Calea, Damiana, Ginkgo, Ginseng, Guarana, Katzenminze, Kava-Kava, Tragant, Yohimbe)

● Lindig Kräuter-Paradies Helvetia, Blumenstraße 15, 80331 München, Tel.: 0 89/26 57 26 (Damiana, Galgant, Ginkgo, Ginseng, Katzenminze, Kava-Kava, Mate, Melisse, Mönchspfeffer, Weihrauch, Passionsblume)

● Treibhaus, Fax: 05 61/28 59 12; info@treibhaus.de (Betelnuss, Damiana, Eleutherokokk, Ginkgo, Giftlattichkraut, Ginseng, Goldmohn, Guarana, Helmkraut, Iboga, Katzenminze, Kava-Kava, Mate, Muira puama, Passionsblume, Yohimbe)

Heilkräuter der traditionellen chinesischen Medizin

● Chinamed, Holzhausen 10, 83317 Teisendorf, Tel.: 0 86 66/7 95 12 (Bischofsmütze, Ginkgo, Ginseng, Kreuzblume)

● Chinesische Heilkräuter, Herner Straße 299, Haus 6, 44809 Bochum, Tel.: 02 34/9 53 66 30 (Bischofsmütze, Ginkgo, Ginseng, Kreuzblume, Tragant, Yams)

Die genannten Fachgeschäfte für chinesische Heilkräuter haben jeweils etwa 400 Heilpflanzen aus der traditionellen chinesischen Medizin ständig am Lager. Die hier aufgeführten psychoaktiven Pflanzen stellen nur eine kleine Auswahl dar.

Über den Autor

Dr. Jörg Conradi studierte und forschte an mehreren Hochschulen und promovierte mit einer Arbeit zur Psychoanalyse. Er beschäftigt sich schon seit vielen Jahren mit Heilpflanzen und ihren Einflüssen auf die Psyche. Von Dr. Jörg Conradi sind bereits zahlreiche Bücher und Fachartikel zu Naturheilverfahren erschienen.

Hinweis

Das vorliegende Buch ist sorgfältig erarbeitet worden. Dennoch erfolgen alle Angaben ohne Gewähr. Weder Autor noch Verlag können für eventuelle Nachteile oder Schäden, die aus den im Buch gemachten praktischen Hinweisen resultieren, eine Haftung übernehmen.

Literatur

Chevalier, Andrew: Die BLV-Enzyklopädie der Heilpflanzen. BLV. München 1998

Rätsch, Christian: Enzyklopädie der psychoaktiven Pflanzen. AT-Verlag. Stuttgart 1998

Reid, Daniell: Handbuch der chinesischen Heilkräuter. Knaur. München 1998

Samel, Gerti: Johanniskraut, Kava-Kava & Co. W. Ludwig Buchverlag. 2. Auflage, München 1999

Wichtl, Max (Hrsg.): Teedrogen und Phytopharmaka. Wissenschaftliche Verlagsgesellschaft. Stuttgart 1997

Wolters, Bruno: Agave bis Zaubernuss. Heilpflanzen der Indianer Nord und Mittelamerikas. Verlag Urs Freund. Greifenberg 1996

Zittlau, Jörg: Gesundheit aus der Kraft der Wurzeln. Südwest Verlag. München 1999

Zittlau, Jörg: Grüner Tee für Gesundheit und Vitalität. W. Ludwig Buchverlag. 7. Auflage, München 2000

Zittlau, Jörg/Helfferich, Michael: Heilpfanzen unserer Heimat. W. Ludwig Buchverlag. München 1997

Bildnachweis

AKG, Berlin: 18; Bilderberg, Hamburg: 69 (Eberhard Grames); Botanik Bildarchiv Laux, Biberach an der Riß: 26, 40, 46, 50, 59, 64, 76, 83, 88, 101, 104, 110, 123, 153; Fotoarchiv, Essen: 32 (Michael Schwerberger); Gettyone Stone, München: 13 (Rick Raymond); Image Bank, München: 2 (Adeo), 127 (N.N.); Spohn Roland, Uhingen-Holzhausen: 132, 141; Südwest Verlag, München: Titel/Fond (J. Heller), Einklinker re. (Claudia Rehm), Einklinker mi., li., 6, 7 (Siegfried Sperl), 4 (Karl Newedel), 5 (Amos Schliack) 158 (U. Schoenenburg)

Impressum

© 2000 W. Ludwig Buchverlag, München, in der Econ Ullstein List GmbH & Co. KG, München

Alle Rechte vorbehalten. Nachdruck – auch auszugsweise – nur mit Genehmigung des Verlags.

Redaktion und Projektleitung:
Dr. Ulrike Kretschmer
Redaktionsleitung und medizinische Fachberatung:
Dr. med. Christiane Lentz
Bildredaktion:
Gabriele Feld
Produktion:
Manfred Metzger (Leitung), Annette Aatz
Umschlag:
Till Eiden
Layout:
Wolfgang Lehner
DTP/Satz:
Veronika Moga
Druck und Bindung:
Westermann Druck Zwickau GmbH, Zwickau

Printed in Germany
Gedruckt auf chlor- und säurearmem Papier

ISBN 3-7787-3598-5

Register